오십의 태도

자신을 깨닫는 나이에 도착한 당신에게
오십의 태도

초판 1쇄 발행 2025년 1월 10일   지은이 정은숙
초판 2쇄 발행 2025년 3월 10일

펴낸이 김진규
경영지원 정동윤
책임편집 김민영

펴낸곳 (주)시프 | 출판등록 2021년 2월 15일(제2021-000035호)
주소 경기도 고양시 덕양구 권율대로668 티오피클래식 209-2호
전화 070-7576-1412
팩스 0303-3448-3388
이메일 seepbooks@naver.com

ISBN 979-11-92421-42-1 (03190)

오십의 태도

자신을 깨닫는 나이에 도착한
당신에게

정은숙
지음

시프

나를 아는
오십으로
산다는 것

나에게 '50'이라는 숫자가 주는 의미는 무엇일까? 오십이 되면 나름 멋지게 살 수 있으리라 생각했다. 인생을 즐기며 여유를 갖고 삶의 안정과 일상의 쉼을 느끼며 그렇게 오십을 맞이할 거라 믿었다. 그러나 막상 오십이 되니 내가 꿈꾸고 그렸던 오십은 없었다. 앞으로 무엇을 하며 어떻게 살아갈 것인지, 인생 2막을 어떻게 준비할 것인지가 고민이었다. 앞만 보고 열심히 살아왔는데 뭐 하나 내세울 것도 없고 여태껏 잘 살아왔다 싶지만 남은 건 오십에 겪어야 할 무료함과 공허함, 몸의 변화로 오는 통증과 우울, 건강에 대한 걱정뿐이었다.

우리는 지금 100세 시대를 살고 있다. 100세 시대의 딱 중간인 오십, 그게 지금의 나다. 철강왕 앤드류 카네기는 "때를 놓치지 말라"라고 했다. 이 말은 인간에게 주어진 영원한 교훈이 아닐까. 그러나

오십의 태도

우리는 이것을 그리 대단치 않게 여기기 때문에 좋은 기회인 줄도 모르고 그것을 잡을 줄도 모른다. 그러면서 때가 오지 않는다고 불평만 한다. 하지만 때는 누구에게나 오는 것이다.

40대 후반까지 다양한 직업을 선택해 직장 생활을 했다. 28년 전 큰 교통사고로 만성 허리 통증을 달고 살았고 시간이 갈수록 후유증이 심해져 마흔일곱 살에 가정주부가 되었다. 직장을 그만두고 한동안은 하루가 무료할 정도로 단순해졌다. 남은 삶을 어떻게 살아야 할까 고민하다가 주식, 부동산, 경매를 배우고 200여 권의 자기계발서와 재테크 관련 서적을 읽고 서평을 쓰기 시작했다. 현재는 '말상민' 이라는 이름으로 블로그에 그날의 생각과 일상을 공유하며 매일 글쓰기를 실천하고 있다. 또 브런치 스토리 작가로도 활동하고 있다.

우연히 시작한 블로그에 나의 이야기, 그리고 일상을 소개하면서 책을 쓰고 싶다는 꿈을 갖게 되었다. '정신없이 살다가 불현듯 맞이한 오십' 이것이 오십의 첫인상이다. 중년을 시작하는 나이에 어떻게 인생 후반전을 살지 고민하다 자기계발서를 읽고 실행하면서 느낀 변화를 글에 담아보고자 했다. 오십의 무료함과 허무함을 성장으로 바꾸기 위해 노력했고 실천했다.

오롯이 자신을 알아가고 삶의 가치를 찾는 과정을 겪으며 5년, 10년 후 행복한 노년을 위해 지금 어떻게 살아야 할지를 찾으면서 느낀 점을 공유하려고 했다. 내 경험을 통해 오십의 평범한 주부도 얼마든지 성장을 꿈꾸며 용기를 갖고 도전할 수 있다는 동기부여를 주고 싶었다. 주변에 오십을 맞이한 중년 주부들이 시간은 많은데 무엇을 해야 할지 고민하고 불안해하며 몸과 마음의 변화에 힘들어하는 것을 보면서 좋은 자극을 줄 수 있는 작은 계기가 되었으면 싶었다.

각자 살아온 인생은 모두 다르지만 오십이라는 나이에 겪는 일은 비슷하다. 생각지도 못한 건강 문제와 직장 은퇴, 자식 문제, 연로해진 부모님, 노후 대비 등 모두 비슷한 일로 공감할 수 있는 나이가 아닐까 한다.

이 책에는 오십의 나이가 되면서 겪게 되는 일상의 변화와 심리에 대한 이야기를 담았다. 무언가를 시작하기가 두려워 용기를 얻고 싶고, 항상 계획만 세우고 실행하지 못해 힘들어하는 분들에게 작게나마 도움이 되었으면 하는 마음에 실천 경험을 공유하고자 했다. 우리는 살아가면서 늘 건강이 제일이라는 말을 하지만 건강을 지키는 데는 항상 소홀하다. 인생 2막을 시작하는 지금, 몸 관리, 마음 관리에 대한 이야기도 다뤘다. 오십에 가져야 하는 몸 관리, 마음 관리의 방향성을 갖는 데 도움이 되기를 바라는 마음이다.

또한 오십에 시작한 독서와 글쓰기로 책이 주는 안정과 생각의 변화를 기록했다. 글쓰기로 새로운 꿈을 꾸며 자신의 정체성을 알아가고, 글쓰기를 통해 삶의 가치를 찾아가는 기회를 독자들에게 전하고 싶었다. 오십을 맞이한 지금, 나로 사는 시간이 얼마나 소중하고 가치 있는지를, 이 책을 읽는 독자들과 함께 생각해 보는 소중한 시간이 되었으면 한다.

오십의 태도

"때를 놓치지 말라."

어쩌면 100세 시대에 오십은 가장 좋은 때다. 앞만 보고 달려온 인생에서 한 번쯤 자신을 돌아보고 알아가기 위한 좋은 기회가 바로 오십이 아닐까? 좋은 기회인 줄 모르고 때가 오지 않는다고, 너무 늦었다고 불평만 하고 있기에는 오십은 아직 너무 젊고 더 성장할 수 있는 나이다. 때는 누구에게나 오는 것. 지금도 늦지 않았다.

오십은 나를 알아가기 좋은 시기다. 이 좋은 시기를 놓치지 말아야 한다. 지금 어떻게 살아가느냐에 따라 앞으로의 오십이 결정된다고 해도 과언은 아닐 것이다. 오십 이후에도 진정한 나로 살아가기 위해 오늘 할 수 있는 일에 집중하며, 지금 여기에서 행복을 꿈꾸고자 한다.

나에게 '50'이라는 숫자의 의미는 사랑이다.

2024년 정은숙

차례

PART 1

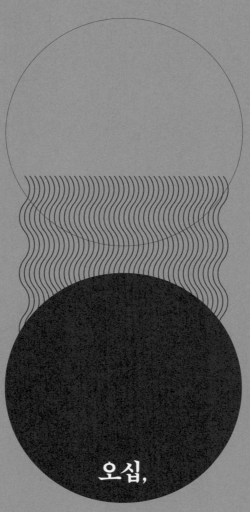

오십,

흔들려도
우아하게

쓰다 보면
보인다

누구나 그렇겠지만 나에게 오십이라는 나이는 큰 의미를 가진다. 늘 무언가를 위해 열심히 노력하며 살았지만 인생을 돌이켜보면 이렇다 할 커리어가 있는 것도 아니고 내세울 성과도 없다. 물론 자식 잘 키우고 남편 내조 잘하고 살았으니 그보다 더 큰 게 뭐가 있나 싶지만 나는 나의 성장을 꿈꾼다.

2022년 12월, 오십이라는 나이가 새삼스럽게 다가오며 100세 시대 딱 절반을 산 이때 변화가 절실했다. 재테크 관련 책도 읽고 주식 공부에 부동산, 경매까지 두루 관심을 가져보았다. 그러다 우연히 '다이어리를 쓰면 인생이 바뀐다'라는 주제의 유튜브 영상을 보았다. 다이어리를 한 번도 안 써본 사람이 있을까? 늘 연말 연초가 되면 다이어리를 들었다 놨다 구입할까 말까를 망설인다. 기껏해야 일주일

쓰려나 하는 불신이 있던 터라 영상을 보면서도 반신반의했다.

그러다 문득 론다 번의 《더 시크릿》이 떠올랐다. "끌어당김의 법칙은 당신이 무엇을 생각하든 그 생각에 반응한다." 오십이라는 나이를 준비 없이 맞이했지만 변화를 꿈꾸었기에 끌어당김의 법칙에 반응하는 게 아닐까. 어떻게든 변화와 성장을 경험하고 싶었기에 주저하지 않고 PDS 다이어리를 구입했다.

예전에도 데일리 리포트를 다운로드해 써보기도 하고, 다이어리 수첩을 써보기도 했지만, 꾸준히 쓰는 데는 실패했다. 그럼에도 속는 셈 치고 한 번 더 써보자고 했던 것은 무엇이든 절실하면 그것을 얻을 수 있다고 생각했기 때문이다. 그렇게 PDS 다이어리와 함께 나의 오십이 시작되었다. 익숙하지 않은 다이어리를 들고 기록 방법과 활용법을 익히고 일주일을 쓰는 데 성공했다. PDS 다이어리는 오픈 그룹 채팅방이 있다. 다이어리를 쓰는 사람들과 함께 소통하며 다른 사람들이 기록한 내용을 참고하기도 한다. 기록한 내용을 그룹 채팅방에 공유할 수도 있지만, 처음이라 공유는 하지 않고 하루하루 일과를 적어나갔다.

오십이 되기 전까지는 늘 바빴고 부지런하다는 얘기를 들었다. 사회생활을 할 때는 회사에 소속된 일원으로서 몫을 다하고 집에 와서는 가족들을 챙기느라 24시간을 썼다. 반복되는 똑같은 하루가 다람쥐 쳇바퀴처럼 바쁘게 돌아가지만 정작 나를 위한 시간은 없었다. 그렇게 나이가 들고 오십 문턱에 서니 조금씩 무기력과 우울이 오기

오십의 태도

시작했다. 그 시점에 쓰기 시작한 다이어리는 남은 인생을 어떻게 살아가야 할지 간절히 고민하는 동아줄 같았다.

하루를 시작하는 아침 6시 기상 알람이 울린다. 아무 계획도 없는 다이어리를 펴고 오늘은 뭘 할지 생각해 본다. 식사 준비, 밥 먹고 치우기, 빨래하기, 청소하기를 쓰다가 문득 지금 뭘 쓰고 있지, 이런 걸 쓰려고 다이어리를 쓰는 게 아닌데 싶었다. 그래, 나를 위한 시간을 써보자 생각하고 작은 것을 찾기 시작했다. 따뜻한 물 한잔 마시기, 잠깐이라도 운동하기, 몇 페이지라도 책 읽기를 적었다. 사소한 것이라도 나를 위한 시간을 쓰니 기분도 좋아졌다.

매일 아침에 일어나 제일 먼저 하는 일은 '오늘은 뭘 할까?'를 생각하며 하루 일정을 적는 것이다. 신기하게도 생각만 하고 적지 않았을 때는 몰랐다가 사소한 일이라도 해야 할 일을 적기 시작하니 하루를 어떻게 살고 있는지가 보이기 시작했다. 그렇게 2~3주가 지나고 한 달이 될 때쯤 나를 돌아보게 되었다. 그동안 늘 바쁘게 살고 나름 부지런하다고 생각했지만 한 달 기록을 보니 바빠서 바쁜 게 아니라 쓸데없이 바빴다는 것을 알게 되었다. '별로 하는 일도 없이 하루를 지내는데 왜 그렇게 바빴을까?'를 생각하게 된 계기였다.

한 달이 지나고 나서는 다이어리 쓰는 방법을 바꿨다. 그동안은 실행한 일 위주로 적었지만 하나씩 하고 싶은 일을 추가해 보기로 했다. 그리고 실행 목록을 시간을 정해 기록하기 시작했다. 일단 하루 일정을 30분이나 1시간 단위로 잘게 쪼갠다. 기상부터 취침까지 오늘

해야 할 목록을 해야 할 시간에 배치하고 실행 시간을 정한다. 청소 1시간, 식사 준비 30분, 운동 1시간, 책 읽기 2시간, 마트 장보기 1시간, 저녁 준비 1시간. 시간을 쪼개 할 일을 세부적으로 쓰기 시작하니 내가 어떤 일에 어떻게 시간을 쓰고 있는지, 얼마의 시간이 남는지, 주로 언제 여유가 생기는지 알 수 있었다. 생각보다 놀라운 건, 그냥 흘려보내는 무의미한 시간이 너무 많다는 것이었다.

언제 무엇을 할지, 어떻게 시간을 쓸지를 고민하면서 나의 하루를 되찾았다. 내가 계획한 작은 일정을 하나씩 체크하기 시작했고 시간을 부여했다. 실행하지 못한 일정과 계획도 많았지만, 나의 시간을 찾으면서 나름대로 큰 성과를 얻었다는 뿌듯함을 느꼈다. 사실 계획한 일정을 절반만 실행해도 하루의 변화가 느껴진다. 내가 나의 삶을 이끌고 간다는 생각이 들고 주도적으로 하루를 산다는 느낌에 기분이 좋다.

사십 후반에 직장을 그만두고 집에서 주로 시간을 보내는 가정주부가 되었다. 직장을 다닐 때는 집에서 쉬게 되면 온전히 내 시간을 즐기며 잘 지낼 거라 생각했다. 그러나 일상에 무료함이 반복되니 흥미나 열정도 사그라드는 듯했다. 그런 일상에서 주도적으로 하루를 이끈다는 것은 정말 기분 좋은 느낌이다. 가정주부는 대개 하루의 대부분을 생계에 쓴다. 아침부터 저녁까지 나의 하루 일정을 보더라도 대부분 집안일을 위한 시간을 보내고 있다. 물론 집안일에 시간을 쓰는 건 문제가 아니다. 하지만 자신에게 주어진 시간을 잘 인식하지 못

오십의 태도

하고 흘려보내는 건 문제다. 적극적으로 자신의 하루를 살펴보고 시간 관리를 하다 보면 의외로 생각지도 못한 여유가 있음에 놀라기도 한다.

그렇게 남은 시간을 알게 되었으니 이제 그 시간을 어떻게 쓸지가 고민이었다. 생각해 보면 다이어리를 쓰고 시간 관리를 해야 할 시기는 지금이다. 자신의 시간이 다소 무료하고 무엇을 해야 할지 모를 때 가장 필요한 것이 다이어리가 아닐까. 직장을 다니거나 육아에 한창이라면 물리적으로 꼭 써야 하는 시간이 있기에 한정된 남은 시간을 잘 써야 한다. 그러나 직장도 그만두고 육아에서도 벗어난 지금은 주어진 시간을 어떻게 보내느냐에 따라 5년 후, 또는 10년 후가 결정될 것이다.

살아온 인생을 되돌아보면 뭐 하나 변변하게 자랑할 것도 없고 내세울 것도 없이 나이 오십이 되었다. 어릴 때는 오십이 되면 예상한 대로 자산이 불어나 있으리라 생각했고 나만의 커리어를 쌓아 안정적인 생활을 유지할 것으로 생각했다. 그러나 나이 오십을 먹고 보니 이룬 것보다 이루지 못한 것이 더 많아 아쉽기만 하다. <u>그런 자신을 위한 제2의 인생을 온전히 살고 싶은 마음이라면 다시 한번 다이어리를 진심으로 마주할 때다.</u>

이제 다이어리는 내 일상에 빼놓을 수 없는 보물창고가 되었다. 작년에도 그렇고 올해도 그렇고 해외여행을 가도 꼭 들고 가는 소중한 무기가 되었다. 지금은 아침에 그날의 계획을 세우지 않고 하루를 마무리하며 다음 날 계획을 세운다. 하루를 돌아보고 감사와 생각의 시간을 가진다. 미리 계획을 세우다 보면 다음 날 무엇을 해야 할까 하는 고민이 해결된다. 아무리 사소한 계획이라도 미리 계획을 세우면 그 계획에 맞춰 행동하고자 하는 마음이 생긴다. 쓰다 보면 알게 된다. 처음에는 쓰기도 바쁘고 계획한 것도 실행하지 못하는 경우가 많다. 그렇게 하루하루 적다 보면 내 생활의 진짜와 가짜가 보이기 시작한다. 진짜 바빠서 시간이 없는 건지, 아니면 게으름을 핑계로 시간이 없는 건지, 쓰다 보면 비로소 보이기 시작한다. 자신이 무엇을 하면서 즐거워하고, 무엇에 집중하고, 무엇을 하고 싶은지 조금씩 알게된다.

2년 전에는 지금의 나를 상상조차 하지 못했다. 다이어리를 쓰면서 하루를 잘 산다는 것이 얼마나 중요한지를 알게 되었다. 허투루 보내지 않은 오늘 하루가 나의 1년이 되고 그 1년이 나를 만든다. 하루를 계획하고 그것들을 실행하고 기록하는 나는 나의 10년 후가 기대된다. 제대로 활용한 다이어리는 나의 하루를 낱낱이 보여준다. 그 하루가 나의 1년이 되고 변화된 삶을 보여주는 증거가 된다.

오십의 태도

나를 위한 시간을 만드는 방법 5가지 방법

첫째, 기상부터 취침까지 하루를 15분에서 30분 단위로 잘게 나눈다.

시간을 잘게 쪼개야 평소 어떤 일을 하고, 어떻게 시간을 쓰고 있는지 알게 된다. 처음에는 시간을 좀처럼 정하기가 어려울 때가 많다. 그런데 일주일만 다이어리를 써보면 그 일에 시간이 얼마나 걸리는지 알 수 있다. 자신이 생각보다 단순한 삶을 살고 있다는 것을 알게 되기도 한다.

둘째, 우선순위를 정해 중요한 것부터 실행한다.

매일 반복되는 루틴과 그날 꼭 해야 할 일을 표시한다. 루틴과 해야 할 일은 다르게 표시한다. 시간과 일정을 체크한 뒤 중요한 일을 우선적으로 배치하고 다른 일정을 조율한다. 처음에는 평소 루틴에서 벗어나 다른 일정이 생기면 중요한 일을 못 할 때가 있다. 그래도 괜찮다. 시간을 정해 일정을 실행하고 조율하다 보면 자신만의 방법이 생긴다. 생각보다 활용할 시간이 많다는 것을 알게 되기 때문이다.

셋째, 자신만의 기준을 정한다.

하루 일정에는 기준이 있어야 한다. 삶의 기본이 되는 기상, 취침, 수면시간은 규칙적으로 지킬 수 있도록 시간을 확보하고 하루 중 자신에게 꼭 필요한 시간을 기준으로 계획을 정한다. 나의 우선순위는 운동과 독서, 글쓰기다. 일정에 운동, 독서, 글쓰기를 적고 이 시간을 기준으로 다른 일정을 세운다. 그 외 남은 시간을 집안일 시간으로 계획을 세우면 생각보다 많은 것을 할 수 있다는 것에 놀라게 된다.

넷째, 반드시 실행을 목표로 한다.

로마 속담에 "생각을 잘하는 것은 현명하고, 계획을 잘하는 것은 더 현명하며, 실행을 잘하는 것은 가장 현명하다"라는 속담이 있다. 늘 문제는 게으름과 끈기 부족이다. 하지만 이것도 오십이 되기 전 얘기다. 오십의 저력은 이전과는 분명 다르다. 5년 후, 10년 후에는 지금과 달라지고 싶다면 반드시 실행이 선행되어야 한다. 그러면 일상의 도전조차 흥미롭게 느껴질 것이다.

다섯째, 반복으로 온전한 루틴을 만든다.

다이어리를 쓰고 단톡방에서 활동하다 보면 처음에는 모두 열의에 차 있지만 한두 달이 지나면 다들 조용해진다. 300명이 넘는 인원으로 시작한 단톡방이지만, 3월 말 정도 되면 꾸준히 기록하고 공유하는 사람은 30명 안팎이다. 물론 '뭐 꼭 그렇게까지 해야 할까'라는 생각이 들 때도 있다. 매일 반복되는 일상인데 굳이 기록하는 의미를 잘 모르겠다는 사람들도 있다. 그러나 한 가지 확실한 것은 이런 작은 노력이 쌓여 5년 후, 10년 후가 된다는 것이다. 무엇이든 공짜로 이루어지는 것은 없다는 것을 이제는 자연스럽게 받아들이게 되었다.

오십의 태도

일단 시작으로
충분하다

"일단 시작해 봐." "해봐야 알지." "그냥 시작해."

인생을 살아가면서 자주 듣는 말들이다. 인간은 늘 앞으로 나아가려는 본능이 있기에 도전을 꿈꾸지만, 시작조차 쉽지 않다. 그렇기에 우리는 시작하지 않을 이유에 대해 생각하고 변명한다. '나중에 생각해 보고 해야지.' '지금은 때가 아니야.' '지금 시작하기에는 너무 늦었지.' '좀 더 알아보고 하려고.' 하고 싶은 일이 있어도 도전하기가 어려워 망설인다. '지금 시작해서 잘못되면 어떻게 해.' '실패하면 안 된단 말이야.' '누가 그러는데 그거 해봐야 소용없대.' 시작도 하기 전에 못 할 핑계, 안 할 핑계가 해야 할 이유보다 몇 배는 더 많다.

나이가 드니 핑계는 더 늘어난다. '지금 이 나이에 무슨.' '지금까지 그냥 살았으니 살던 대로 살지 뭐.' 젊은 나이에는 도전을 꿈꿨지

오십의 태도

만, 조건과 상황이 맞지 않다는 이유로 미뤘다. 나이가 들어서는 도전을 꿈꾸지만, 걱정과 두려움이 앞서서 미룬다. 1년 전 나 역시도 블로그를 시작하면서 했던 생각이다. '나중에 좀 더 알아보고 써야지.' '이나이에 이런 걸 써서 뭐 해.' '블로그에 대해 아는 것도 없는데 어떻게 시작해.' '이걸 쓴다고 뭐가 달라지겠어.' 몇 번의 망설임 끝에 '그냥 해보자. 하다 보면 방법이 생기겠지. 써보고 안 되면 말지 뭐. 못 할 것도 없잖아'라고 시작한 게 벌써 2년이 되어간다.

우리 속담에 "시작이 반이다"라고 했다. 속담은 틀린 말이 없다. 그때 시작하지 못했다면 지금까지 글을 쓰지도, 블로거로서의 성장도 없었을 것이다. 느려도 나의 속도대로 매일 글을 쓰고 조금씩 성장해 가고 있다. 무엇이든 시작하기에 완벽한 순간은 없다고 하지 않는가. "일단 시작해 봐." "해봐야 알지." "그냥 해봐." 이런 말을 자주 듣는 것은 정말 시작해 봐야 알 수 있기 때문이다. 하다 보면 하나씩 알아가고 더 잘할 수 있는 방법을 찾게 된다.

나는 컴퓨터로 글을 쓰거나 잘 모르는 부분이 있으면 네이버 검색을 하거나 딸을 부른다. 일단 시작하다가 막히는 부분이 있으면 어떻게든 풀어나갈 방법을 찾게 된다는 말에 적극 공감한다.

"딸, 이분은 글에 이렇게 예쁜 이미지를 올리는데 어떻게 하는 걸까?"

"이거 링크를 달아야 하는데 잘 모르겠어. 좀 가르쳐줄래?"

도움을 요청하면 그때마다 해결책이 생긴다. 물론 딸들은 귀찮을 수 있고 검색해도 찾지 못할 때도 있지만 미리 걱정하지 않는다. 세상이 너무 좋아져서 얻고자 하면 정보가 넘쳐난다는 것을 알기 때문이다. 그리고 내가 모르는 것을 아는 사람에게 물어보면 나의 기대보다 더 적극적으로 가르쳐주려고 한다는 것을 알게 되었다. 일단 시작하고 하나씩 문제점을 찾아 해결해야 하는 이유이기도 하다.

"구하라, 그리하면 얻을 것이다."

새로운 것에 도전하지 않으면 다가오지 않는 말이다. 그러나 새로운 일에 도전하거나 모르는 것을 시작할 때는 이 문장이 절실히 다가온다. 모르면 물어보면 되고 안 되면 어떻게 하면 될지 알아보면 된다. 시작도 하지 않으면 물을 게 없는 건 당연하다.

우리는 가끔 남과 비교하며 도전을 주저한다. '저 사람은 벌써 저렇게 앞서가고 있는데 나는 언제 시작해서 저렇게 되겠어.' '이쪽은 이미 포화 상태라 뭘 해도 늦었어.' '나는 부족한 게 많아서 못 해.' '하려면 몇 년 전에 시작했어야지.' 인간은 비교를 통해 긍정적인 성장을 하기도 하지만 비교를 통해 자신을 깎아내리거나 자신감을 잃기도 한다. 하지만 사람은 저마다 가진 것이 다르다. 인간은 나와 타인을 비교하면서 내게 없는 걸 찾아낸다. 비교하는 습관이야말로 불행을 자초하는 일이다.

나이가 든다는 게 좋은 점도 있다. 오십이 되고 보니 남들과의 비교보다는 자신에게 집중할 수 있는 지혜가 조금씩 생기는 것 같다. 비교와 질투가 전혀 없을 수는 없지만 적당한 비교와 다름을 인정하는

오십의 태도

적정선이 생겨 나름 현명하게 대처할 수 있는 마음의 여유가 생긴다. 부러움과 비교를 통해 적당한 자극을 받고 내가 할 수 있는 것을 하면서 나만의 방법을 찾아가는 것도 나에게 집중하는 좋은 방법이다.

우리는 항상 시작하기 전에 거창한 계획을 세운다. 운동을 시작하기 전에는 몇 킬로그램을 뺄지 생각하고, 책을 읽기도 전에 몇 권을 읽을지를 정하고, 헬스를 시작하기 전에 6개월 회원권을 등록한다. 물론 어떤 일을 실행하면서 계획과 목표를 세우는 것은 필요하다. 목표가 있어야 흔들리지 않고 나아갈 수 있으니 분명 필요한 일이지만 중요한 것은 시작하는 것이다. 대부분 시작에 앞서 거창한 계획을 세우고, 생각만 하다 흐지부지되는 일이 너무 많다. 또한 시작에 앞서 '언젠가는'이라는 제한을 계속 붙인다. '언젠가는 살을 빼겠지.' '언젠가는 해외여행을 갈 거야.' '언젠가는 회사를 그만두고 내가 좋아하는 일을 하겠지.' '언젠가는 내 책을 쓸 거야.' '언젠가는 내 사업을 할 거야.' 시작은 하지 못하고 "언젠가는 하겠지"라는 말로 일관하기 바쁘다.

시작이나 도전 같은 단어를 볼 때면 생각나는 영화가 있다. 지금도 한 번씩 찾아보곤 하는데, 〈인턴〉과 〈월터의 상상은 현실이 된다〉다. 〈인턴〉은 세대 간의 우정과 협력을 통해 서로에게 긍정적인 영향을 줄 수 있다는 메시지를 주는 영화다. 나이와 상관없이 누구나 새로운 시작을 할 수 있으며, 경험과 지혜는 언제나 소중하다는 교훈을 준다. 주인공 벤은 70세의 나이로 은퇴 후 아내를 잃고 무료한 일상을 보낸다. 매일 같은 일상에 지친 벤은 새로운 도전을 찾아야겠다고 결심한다. 우연히 지역 광고에서 시니어 인턴 프로그램을 보고 고령자에게 새로운 일자리를 제공하는 취지로 기획된 프로그램에 지원하고 면접을 통해 인턴으로 채용된다. 벤은 새로운 직장 분위기에 적응하기 시작한다. 그의 상사는 회사의 창립자이자 CEO인 줄스다. 줄스는 처음에는 벤의 존재를 불편해하다가 시간이 지나면서 그의 성실함과 지혜를 인정하게 된다. 벤은 회사 직원들과도 빠르게 친해지며, 회사에서도 중요한 역할을 수행하게 된다. 벤과 줄스는 점점 가까워지며 서로를 이해한다. 벤은 줄스에게 자신의 경험과 지혜를 전수하며 그녀가 더 나은 CEO가 되도록 돕는다. 이 영화는 관계를 통해 인생의 가치와 일의 의미를 되새기게 하는 가슴 따뜻한 이야기다.

〈월터의 상상은 현실이 된다〉는 유명한 사진 잡지 〈라이프〉의 사진부에서 일하는 평범한 직장인의 이야기다. 그의 일상은 단조롭고 지루하며 그는 실제로 하지 못하는 모험과 용기 있는 행동을 상상 속에서만 펼친다. 어느 날 〈라이프〉가 온라인 매체로 전환하면서 월터는 마지막 호를 준비하게 된다. 하지만 월터가 유명 사진작가 션 오코넬이 보내온 마지막 호의 표지 사진의 네거티브 필름을 분실하게 되면서 이야기가 전개된다. 사진을 찾기 위해 션 오코넬의 행방을 추적하기로 결심하고 월터는 션이 남긴 단서들을 따라 그린란드, 아이슬란드, 히말라야 등 세계 곳곳을 여행한다. 여행 도중 월터는 여러 번 위험한 상황과 도전에 맞닥뜨린다. 헬리콥터에서 뛰어내리거나 화산 폭발을 가까이에서 목격하는 등 모험을 통해 월터는 자신의 잠재력을 발견하고 현실에서도 상상 이상의 용기를 발휘하게 된다. 〈월터의 상상은 현실이 된다〉는 일상의 평범함에서도 자신의 진정한 잠재력을 발견하고, 꿈을 현실로 만들기 위한 용기를 가지라는 메시지를 준다.

하고 싶은 일, 계획만 하던 일이 있다면 지금 당장 시작하자. 사람들이 인생을 알차게 살지 못하는 것은 준비에만 바쁘고 시작하지 않기 때문이다. 사람들은 항상 '내일'을 시작일로 잡는다. 지금까지는 나의 문제가 아닌, 주변의 상황과 조건과 가족을 위해 나의 시작을 미뤘다면 이제는 나를 위한 도전을 해야 할 때다. 일단 시작했다는 것만으로 충분하다. 무엇을 해야 할지 모르겠다면 오늘 할 수 있는 일이 무엇인지를 생각해 보고 그것에 전념해 보자. 그것이 운동이든 책 읽기든 글쓰기든 무엇이든 좋다.

변화의
　시작은
　　나로부터

나이가 들면 잠이 줄고 새벽에 깨거나 깊은 잠을 못 자고 뒤척이게 된다. 그러다 보니 하루를 기분 좋게 시작하는 게 힘들어진다. 특히 여자들은 오십이 되면 겪고 싶지 않은 갱년기로 힘든 시기를 보내기도 한다. 아직은 본격적인 갱년기가 시작되지 않았지만 언제든 찾아올 수 있으므로 좋은 습관과 긍정적인 마음을 갖기 위해 노력한다. 갱년기는 생각보다 쉽게 지나가는 사람도 있고, 심하게 앓느라 우울증에 무기력증으로 힘들어하는 사람도 있다.

"남들 하는 거 반만 하고 산다고 생각하세요."

나는 스물네 살에 청천벽력 같은 소리를 들었다. 한 번도 경험하리라고는 상상하지 못했던 일이다. 나는 결혼을 일찍 했다. 제주도로 신혼여행을 다녀와 어른들께 인사드리고 집으로 가는 길이었다. 피곤해서 잠깐 잠든 사이 무슨 일이 일어났는지 지금도 기억나지 않는다. 눈을 떴을 때는 이미 사고가 일어난 후였고 아무것도 모른 채 눈물을 흘리며 배를 움켜잡고 있었다. 순식간에 일어난 일이었다. 그리고 또다시 의식을 잃었다.

삼중 추돌 교통사고였다. 응급실에 도착해서 정신을 차리니 남편은 어찌할 바를 모르고 나를 보고 있었다. 그 표정 외에는 아무것도 기억나지 않는다. 그날 이후 나는 많은 것을 잃었다. 한 번도 겪어보지 못한 고통과 전쟁을 치러야 했다. 허리뼈가 으스러지고 부러져 큰 수술을 받아야 했는데, 그때 나는 임신 5개월이었다. 교통사고로 심한 충격을 받았지만 다행히 아기는 심장 소리를 쿵쾅대며 잘 버티고 있었다. 나의 고통은 뒤로한 채 잘 버텨준 아기에게 너무 고마워서 감사합니다, 감사합니다를 되뇌었다. 그런데 나와 달리 남편도 의사 선생님도 표정이 좋지 않았다. 잠시 후 의사 선생님이 설명했다. 허리를 수술하기 위해서는 계속 방사선검사를 해야 하고 여러 가지 약물도 써야 하는데, 이런 검사는 태아한테 안 좋은 영향을 줄 수 있어 기형 확률이 50퍼센트는 늘어난다는 것이었다.

믿을 수 없었다. 아니, 못 들은 걸로 하고 싶었다. 그제야 이곳에 실려 오고 하루가 지났는데도 아무런 조치 없이 내가 정신을 차릴 때까지 기다렸구나 하고 깨달았다. 나에게 닥친 상황을 도무지 받아들일 수 없었다. 눈물이 쉴 새 없이 흘러내리고 감정이 북받쳐 흥분을 가라앉히기가 힘들었지만, 선택을 해야 한다고 했다. 그렇게 또 하루

오십의 태도

가 지났다. 하루를 꼬박 눈물로 지새우다가 결론을 내렸다.

그렇게 이기적인 결정을 내리고 수술실로 들어갔다. 나는 장애를 가지고 태어난 아이를 낳을 용기가 없었다. 그것이 50퍼센트의 확률이라 해도 어찌 엄마가 자신의 인생을 위해 아기를 구렁텅이로 몰아넣을 수 있을까? 이유를 모르고 태어난 장애도 부모에게는 평생 한이 될 텐데 나로 인해 어찌 그런 업을 줄 수 있을까? 1차로 산부인과 수술을 받고, 2차로 신경외과 수술을 받았다. 마음과 정신이 모두 내동댕이쳐진 상태로 나는 스스로를 포기하고 있었다. 가까스로 정신을 차렸지만 현실을 믿을 수 없었다. 그렇게 한 달 반을 병원에서 보냈다.

몸이 고통스러울 때마다 깃털을 상상하곤 했다. 깃털처럼 가볍게 훨훨 날아 아기가 있는 곳으로 가고 싶다. 깃털을 상상하면 몸이 가벼워지는 듯했고 조금은 숨을 쉴 수 있었다. 시간이 흘러 퇴원이 결정되고 의사 선생님은 "남들 하는 거 반만 하고 산다고 생각하고 몸을 쓰라"고 했다. 척추에 철심을 두 개 박고 딱딱한 척추교정용 의료기기를 차고서야 병원을 벗어날 수 있었다. 그때는 몸보다 마음이 더 힘들어 몸을 돌볼 여유가 없었다. 지금도 나는 척추에 철심을 고정한 채 한 몸처럼 살아가고 있다. 수술 후 몸속 철심을 뺄 수 있다는 의사 선생님의 수술 권유가 있었지만 그럴 수가 없었다. 다시 같은 수술대에 눕고 싶지 않았고 그날의 아픔과 미안함을 잊고 싶지 않았다. 28년 전의 일이지만 지금도 11월이 되면 우울함이 찾아온다.

앞으로 일어날 일들을 미리 알았더라면 삶이 많이 달라졌을까? 너무 오랜 시간 나는 죄책감과 현실의 고통에서 벗어나지 못하고 힘들어했다. 사고 이후 허리 통증으로 오랜 시간 고생했고 체력적으로도 항상 힘들었다. 몸 상태가 안 좋으니 감정도 늘 예민했다. 젊을 때는 젊음으로 버텼지만 중년의 나이가 되니 몸이 안 좋아져 더 이상 직장을 다닐 수가 없었다.

직장을 그만두고 수입이 끊기면 경제적으로 많이 힘들어질 거라고 생각했지만 그렇지는 않았다. 오히려 힘든 몸을 이끌고 직장 생활을 하느라 체력이 바닥나 항상 가족들이 좌불안석했던 때보다 더 나았다. 경제적으로나 심리적으로나 훨씬 안정되고 새로운 일상의 변화에 적응하고 있다. 일을 그만두니 남는 건 시간밖에 없었다. 한동안은 무력감에 힘들어하며 무엇을 하며 지내는 게 좋을까를 생각했다. 생각해 보면 그때의 나는 경제적인 수입도 필요했지만, 혼자만의 시간과 무기력함이 싫어서 직장 생활에 연연했다는 생각이 든다.

5년 전부터 시작된 일상의 변화는 시간을 달리 쓸 수 있게 해주었다. 삶을 변화시키는 방법은 자신을 변화시키기 위해 시간을 투자하는 것이라고 했다. 나를 위해 매일 시간을 투자하자고 마음을 먹은 것이 이때부터였다. 자기계발서를 읽고 하나씩 실행해 보고 관심 있는 주식과 부동산 책을 읽으며 공부를 시작했다. 주식 책을 읽고 직접 주식거래를 해보고, 부동산 책을 읽고 부동산 강의를 듣고, 임장을 하고 부동산을 구입했다. 경매 책을 읽고 입찰도 해보고, 법원이라는 곳

오십의 태도

도 처음 가봤다. 어찌 보면 이것도 배우고 저것도 배우고 헤매는 것 같지만 중요한 건 지금의 나는 5년 전보다 훨씬 성장했다는 것이다. 그리고 가장 중요한 것은 원하는 삶을 살고 있다는 것이다. 아픈 몸을 이끌며 직장을 다니고 시간에 쫓기며 자신도 가정도 제대로 돌보지 못하고 지냈던 때보다 무엇을 하고 싶은지, 어떤 것을 좋아하는지, 남을 위한 시간이 아닌 나를 위한 시간을 보내며 오늘을 살아간다.

할 엘로드의 《미라클 모닝》에서는 사람은 누구나 자신의 삶과 자기 자신을 개선하고 싶어 한다고 했다. 스스로에게 문제가 있기 때문이라기보다는 인간으로서 지속적으로 성장하고 개선하려 하는 욕망과 욕구를 타고났기 때문이다. 이러한 욕망이 없는 사람은 없다. 하지만 우리는 아침에 눈을 뜨면 비슷한 일상을 반복한다. 우리가 변하지 않으면 삶도 변하지 않는데도 말이다. 삶을 변화시키는 것은 자신을 변화시키기 위해 시간을 투자하는 것만으로도 쉽게 이룰 수 있다. 하루하루 조금씩 나아지면 삶은 반드시 나아지기 마련이다.

오늘은 우리 삶에서 가장 중요한 날이다. 어제는 이미 지나갔고, 내일은 아직 오지 않았기 때문이다. 오늘, 지금 이 시간은 우리가 온전히 가질 수 있는 유일한 순간이다. 오늘을 어떻게 살아가느냐에 따라 미래가 결정된다고 해도 과언이 아니다. 우리는 흔히 과거의 후회와 미래의 불안에 사로잡혀 현재를 소홀히 하곤 한다. 하지만 과거는 되돌릴 수 없고, 미래는 예측할 수 없다. 우리가 실질적으로 통제할 수 있는 것은 지금 이 순간뿐이다.

성공보다
　　성장을 꿈꾸는
이유

요즘 부쩍 인맥이 좁아진다는 생각이 든다. 그나마 사회생활을 할 때
는 괜찮았는데 가정주부가 되면서 더한 것 같다. 항상 연락하는 사람
과 대화하고 늘 만나는 사람만 보게 된다. 그래서 자신이 어떤 사람인
지 알려면 자신과 자주 연락하는 사람 다섯 명의 평균 수준을 보면 된
다고 하지 않는가? 물론 지금 만나는 사람들의 편안함과 정서적 교류
는 너무 좋다. 하지만 자신을 성장시키기 위해서는 평소 만날 수 없는
성공한 사람들을 만나야 한다. 그런 사람들을 일상에서 만날 수 있는
가장 좋은 방법은 책을 통해서다. 그 사람의 생각과 마인드, 가치관,
이념 등을 책을 통해 배울 수 있다. 르네 데카르트는 좋은 책을 읽는
것은 과거 몇 세기의 가장 훌륭한 사람들과 이야기를 나누는 것과 같
다고 했다.

5년 전부터 읽기 시작한 자기계발서가 100권 정도 된다. 주위 사람들과 대화하다 보면 자기계발서를 읽지 않는다는 사람과 자기계발서를 읽는 사람으로 나뉜다. 읽는 사람도 두 부류로 나뉜다. 자기계발서는 읽어봐야 다 비슷하고 그 내용이 그 내용이라 읽고 나서 실행하지 않는다는 사람과 뭐든 그 작가만이 알려주는 노하우가 있어 어떻게든 실행하려고 노력한다는 사람이다. 나는 자기계발서를 읽고 실행하는 것을 좋아하는 사람이다.

나이 오십에 자기계발을 말하는 게 어불성설이라 생각할 수도 있다. 예전에 내가 생각한 중년도 그랬다. 나도 서른 정도에는 '그 나이에 뭘 해', '나이 먹고 주책이다', '그 나이 되면 그냥 쉬어야지'라고 생각했다. 사십에 바라본 중년은 '그래도 나는 저렇게 나이 먹지 않을 거야', '저 나이가 되면 뭐든 좀 누리고 살아야지'라며 나름의 계획이 있었다. 오십이 되면 힘든 일상을 내려놓고 여유로운 삶을 살 수 있을 거라고 생각했다. 그러나 중년의 시간은 생각보다 빨리 왔고 지금 그 현실을 마주하고 있다. 그러면서 드는 생각은 앞으로 남은 삶을 어떻게 살아야 잘 사는 건지, 무엇을 하고 살아야 행복할까다. 100세 시대를 살고 있는 지금의 평균수명은 통계가 아닌 현실로 다가오고 있다. 이제 남은 50년을 어떻게 잘 살아갈까를 고민하게 된다.

지금의 오십은 100세 시대의 딱 중간이다. 지금껏 100세 시대를 인정하지 않다가 요즘에서야 현실로 인정하는 분위기다. 우리는 자식을 위해 무엇이든 내어준 부모님의 사랑과 지원을 받으며 성장

오십의 태도

한 세대이기에 부모에 대한 의무가 남아 있다. 또한 그런 부모의 사랑과 지원을 자식에게도 주면서 살았기에 자식에 대한 기대도 남아 있다. 그렇게 딱 절반에 낀 세대로 살아가고 있다. 자식을 위해 희생해 준 부모님의 고마움과 노고를 알기에 자식된 도리도 해야 하고 또 그런 정을 받으며 자랐기에 시대는 변했지만 자식에게도 계속된 기대와 아낌없는 지원을 한다. 그런데 이제는 생각을 바꿔야 하지 않을까? 부모에게 받은 만큼 자녀에게 주고 있을 정성을 이제는 100세 시대를 살아가는 우리 부모님을 위해 베풀자. 그리고 성인이 된 자녀들은 자립할 수 있도록 해야 한다. 스무 살이 넘으면 자립하기 위해 부모를 떠나 홀로서기에 나섰던 우리 세대와는 달리 아직도 부모 그늘에서 보호받고 도움받는 성인 자녀들을 사랑과 기대로 안고 사는 마음을 이제는 조금씩 내려놓고 나 자신을 돌봐야 할 시기가 되었음을 인정해야 한다. 오십이 되면 성격은 확고해지고 생각은 더 깊어진다. 아무리 좋다고 해도 누가 시킨다고 할 나이도 아니며 자신의 신념과 맞지 않으면 들으려고 하지도 않는다. 그래서 생긴 대로 산다는 말이 중년에 가장 걸맞은 말이 아닐까?

5년 전부터 읽게 된 자기계발서는 많은 변화를 주었다. 물론 자기계발서가 아닌 어떤 책을 읽어도 성장과 지혜를 준다. 그럼에도 불구하고 자기계발서를 읽는 이유는 여전히 지금보다 더 나은 삶을 꿈꾸고 성장하며 자극을 받고 싶기 때문이다. 오십이 되기 전에는 늘 성공을 꿈꿨다. 억대 연봉과 수십억대 자산, 좋은 집과 좋은 차, 꿈꿀 수 있는 모든 것을 꿈꾸며 성공하고 싶었다. 그리고 열심히 살면 성공할 수 있다고 믿었다. 그러나 중년의 나이가 되고 보니 그것은 욕심이었다는 것을 알게 되었다. 노력하며 산다고 다 성공하는 건 아니다. 지금에서야 알게 된 사실이지만, 그때 나의 노력은 성공하기 위한 노력이 아니었다. 그저 먹고살기 위한 노력이었다.

　사람은 잘 안 바뀐다고 생각했는데 생각보다 빠른 시간에 바뀔 수 있는 것도 사람이라는 생각이 든다. 물론, 사람의 타고난 본성이나 성질, 기질을 말하는 게 아니다. 본인의 기질은 쉽게 바뀌지 않는다. 바뀔 수 있는 것은 생각과 마음가짐이다. 삶을 살아가면서 생각이 얼마나 많은 것을 좌지우지하는지 깨닫고 놀랄 때가 많다. 마흔일곱 살의 나와 쉰두 살의 나는 본질이 바뀌지는 않았다. 그러나 삶을 대하는 생각과 마음가짐은 바뀌었다. 마흔일곱 살의 나는 더 이상 내게 없다. 내가 성공이 아닌 성장을 꿈꾸는 이유다.

　성공에는 나름의 기준이 있고 그 기준에 부합해야 한다. 내가 아닌 남이 인정해 줘야 성공이라 할 수 있다. 그리고 그 기준은 항상 더 높은 기준이 존재하기 때문에 성공의 끝이 어디인지를 묻는 것은 개인마다 다르다. 그러나 성장은 다르다. 성장은 남의 평가가 아닌 스스로 성장을 기록하고 느끼면 성장인 것이다. 특히 오십의 성장은 달라야 한다. 남을 의식하는 성공이 아닌 스스로 성장을 꿈꿔야 더 행복한 중년의 삶을 살 수 있기 때문이다.

　중년에 스스로 성장을 꿈꾼다는 것은 어떤 것일까를 진지하게 생각해 본 적이 있다. 오십은 그동안 삶의 경험과 지혜가 쌓인 나이이기도 하지만 동시에 새로운 도전을 통해 계속 발전하고 성장할 수 있는 나이이기도 하다. 30대, 40대가 바라보는 50대가 어떤지는 이제 중요하지 않다. 지금 내가 생각하는 오십은 아직 너무 젊고 더 많이 성장할 수 있는 나이다. 그동안 여러 이유로 미뤘던 공부나 하고 싶었던 것을 취미로 배우고, 그것을 더 깊이 배우거나 새로운 분야에 도전해 보는 것도 좋다. 나 역시 오십이 넘어서 한 번도 써보지 않았던 글을 쓰고 있지 않은가?

그리고 오십의 나이에는 무엇보다 건강 관리의 성장을 도모해야 한다. 50대는 신체적 건강을 유지하고 강화하는 데 매우 중요한 시기다. 규칙적인 운동과 그동안 해보지 않았던 운동에도 도전해 보자. 수영이나 요가, 라인댄스, 명상, 필라테스, 헬스 등 50대에 하면 좋은 운동을 찾아 자신에게 맞는 운동을 시작해 보자.

20년 동안 교통사고 후유증에 시달렸던 내가 근력 운동으로 그 후유증에서 벗어나니 우울증도 사라지고 삶의 자신감도 찾을 수 있었다. 중년의 삶의 질을 높이는 데 건강만큼 필요한 것이 또 있을까? 본격적인 운동을 하기 전에는 늘 감기 몸살과 허리 통증을 달고 살았다. 운동을 하고 몸의 근력을 키우고 나니 1년에 감기 한 번 안 걸리고 일상을 살아간다는 것이 놀라울 따름이다. 오십은 신체적 성장과 정신적 성장을 모두 균형 있게 이뤄야 하는 시기다. 젊어서는 그나마 체력으로 버티지만 어느 시기가 되면 그 체력도 고갈되어 더 이상 기능을 발휘하지 못한다. 그걸 실감하는 나이가 오십이지 않은가? 더 늦기 전에 오십의 성장에 관심을 두자.

성장하는 삶은 일상의 만족도를 높여준다. 자존감이 올라간다. 막연한 성공보다는 내가 그릴 수 있는 성장을 꿈꾸며 미래의 나를 만나자. 유연하지 못한 그동안의 나를 버리고 성장을 꿈꾸는 나로 한 단계 더 올라가 보자.

오십의 태도

생각을 바꾸면
삶도 반드시
바뀐다

아침 여섯 시에 일어나 나만의 루틴을 시작한다. 아침 확언과 누워서 하는 복근 운동 세 가지를 30회씩 하고 스트레칭으로 마무리하며 기분 좋은 아침을 맞이한다. 지금은 알람이 울리기도 전에 생체리듬이 알아서 잠을 깨워준다. 2년 동안 반복하고 있는 하루 루틴은 아침을 완전히 바꾸는 데 큰 동기를 주었다. 아침을 어떻게 맞이하느냐에 따라 하루의 기분이 좌우된다. 일어나면서 '힘들어, 일어나기 싫어, 직장 가기 싫어, 피곤해 죽겠네'로 시작하는 하루는 아침부터 몸과 마음을 다운시킨다. 몇 년 전까지만 해도 아침에 일어나면서 했던 말들이다.

아침 확언을 시작한 동기는 켈리 최의 《웰씽킹》 덕분이었다. 글로벌 기업 켈리델리의 창업자 켈리 최 회장은 40세가 넘는 나이에 무일푼으로 빚까지 지게 되었지만, 새로운 인생을 시작하기로 결심하고 생각과 습관을 완전히 바꾸는 데 성공했다. 이 책에서 소개한 확언은 무척 생소했지만 의외로 단순했다. 아침에 눈을 뜨면 그날 하루를 가장 이상적으로 보낼 모습을 상상하며 긍정적인 사고를 강화하고 하루를 시작하면 된다는 것이었다.

앨런 피즈와 바바라 피즈의 《결국 해내는 사람들의 원칙》에 따르면, 확언은 이루고자 하는 것이나 앞으로 할 일을 말로 표현하고 그것을 자신에게 반복하고 확인하는 것이다. 확언은 내 신념에 대한 긍정형 자기 암시다. 확언은 내가 반복적으로 접하거나 말하는 표현과 진술이다. 특정 주장에 지속적으로 노출되면 사람은 그것을 내면화한다. 다시 말해 그것이 내 됨됨이의 일부가 된다. 확언은 소감과 소원을 말로 붙들어 매고 글로 굳히는 방법이다. 우리 뇌는 현실과 상상을 구분하지 못한다. 그래서 확언을 통한 자기 암시가 효과를 발한다.

처음 자기계발서를 읽으면 다 남의 이야기로만 들린다. 내가 할 수 있는 것이 아니라 그 사람이니까 할 수 있다고 치부하고 넘기기가 쉽다. 나 역시 처음 책을 읽을 때만 해도 '이런 걸 한다고 뭐가 바뀌겠어', '현실이 행복하지 않은데 생각하고 말한다고 행복해지나'라는 부정적인 생각들로 시작은커녕 밀어내기 바빴다. 그런데 성공한 사람들이 한결같이 말하는 성공 도구들이 있었다. 확언, 명상, 시각화, 운동, 독서, 글쓰기(기록)다. 자기계발서를 읽기 시작하면서 대부분을 실행으로 옮기고 있다.

내가 할 수 있는 것을 하나씩 체크해 보니 못할 것도 없었다. 먼저 운동과 명상, 독서는 이미 실행하고 있었고 확언과 시각화, 글쓰기는 한번 시작해 보자고 생각했다. 하나씩 실행하기로 마음을 먹고 다이어리에 기록을 시작했다. '매일 아침 6시 확언하기'라고 적고 유튜브에서 켈리 최 회장의 확언 명상을 틀고 아침에 따라 하기 시작했다. 처음 몇 주 동안은 확언하는 그 잠깐의 시간에도 집중이 안 되어서 이게 맞나 싶었다. 확언을 하면서 스스로 확언하는 걸 창피해하고 인정하지 못하면 확언은 아무 의미가 없다. 확언을 시작하고 3개월쯤 지나면서 조금씩 달라지는 걸 느낄 수 있었다.

《결국 해내는 사람들의 원칙》에 따르면, 어떤 진술을 처음 듣거나 읽을 때는 우리 마음이 거부하기 쉽다. 마음에 이미 들어앉아 있는 생각들, 이른바 선입견과 충돌하기 때문이다. 대부분의 동기부여 훈련이 실패로 돌아가는 것도 그런 이유다. 하지만 같은 말을 여섯 번 들으면 뇌가 그 생각을 받아들여 내면화한다고 한다. 신기하게도 부정적인 감정과 생각을 걷어내고 나니 어느새 매일 되뇌던 확언을 진짜로 받아들이게 되었다. 같은 말을 여섯 번 들으면 뇌가 그 생각을 받아들여 내면화한다고 하는데 나는 석 달이 걸렸으니 그동안 나의 선입견이 얼마나 두터웠는지 알 수 있었다.

그렇게 확언을 하고 아침이 달라졌다. 부정적인 말로 시작하던 아침이 어느새 긍정적인 말로 바뀌었다. 생각을 바꾸면 습관이 바뀐다고 하지 않던가? '힘들어, 일어나기 싫어, 피곤해 죽겠네, 온몸이 천근만근이야'라는 말에서 '오늘도 즐겁고 기대되는 하루가 시작되었네,

오십의 태도

내 인생은 더 좋은 방향으로 흐르고 있어, 나는 성장하고 있어'라는 긍정적인 말로 하루가 시작되었다. 모든 성장과 성공은 모방에서 시작된다. 긍정적인 모방은 자신을 성장시키는 좋은 도구가 된다.

2년 동안 반복한 확언은 나도 모르는 사이에 나를 괜찮은 사람으로 인정하는 자존감을 주었다. 예전에는 발표할 때 떨림이 느껴질 정도로 가슴이 쿵쾅거리고 상상하는 것만으로도 떨렸다. 그런데 확언을 하고 바뀌었다. 몇 년째 쓰고 있는 다이어리 관련 행사에 참여해 수백 명 앞에서 발표할 기회를 얻게 되었다. 발표하기 한 달 전부터 아침 확언 문장에 '나는 많은 사람 앞에서 자신 있게 발표한다. 나는 용기 있다. 나는 자신감이 넘친다'라는 확언을 계속하고 나니 그 떨림이 조금씩 줄어들었다. 무대를 상상하고 멋지게 발표하는 나를 시각화하면서 확언하는 것만으로도 삶은 조금씩 변화하고 있음을 느꼈다.

확언 문장은 원하는 것을 긍정형으로 서술해야 한다. 우리의 마음은 부정형을 보지 못하니 확언을 제대로 받아들이려면 부정형이 아닌 긍정형 표현을 해야 한다. 예를 들어 '나는 발표를 잘하고 싶다'가 아니라 '나는 자신 있게 발표한다', '나는 부자가 될 거다'가 아니라 '나는 부자다'라는 말이 힘이 세다. 매일 하는 확언이 반복되고 그 확언이 내 생각을 변하게 만든다.

자신의 삶을 변화시키고 싶다면 나를 위한 시간을 내야 한다. 오로지 나를 성장시킬 수 있는 시간을 갖는다는 것은 어찌 보면 인생의 중턱에 와 있는 지금 중요한 자세가 아닐까 싶다. 지금까지 어떻게 살아왔든, 앞으로의 삶은 다른 누구도 아닌 나를 위한 시간을 가져야 한다. 행복도 선택이라고 하지 않던가? 상황이 아무리 어려워도 행복해지기로 선택하면 행복해질 수 있다. 생각을 바꾸면 삶은 반드시 바뀐다. 적당히 안주하고 내가 뭘 할 수 있겠냐고 생각하며 살아온 대로만 살아가기에는 우리의 인생이 너무 길다. 김미경 강사는 《김미경의 마흔 수업》에서 내 나이에서 열일곱 살을 빼라고 했다. 100세 시대에는 라이프 스타일도 달라지기 때문이다. 이제는 노인의 기준도 바뀌어야 하며 중년의 생각도 바뀌어야 한다고 말한다. 정말 공감 가는 말이다. 수명은 계속 늘어나고 세상은 쉴 새 없이 바뀌어가고 있다. 우리도 중년에 대한 자세를 바꿔야 한다.

지금 내가 할 수 있는 일, 여기에서 할 수 있고 해야 하는 일을 찾아보자. 독서나 운동도 좋고 글이나 그림도 좋다. 확언을 하거나 명상을 하는 것도 좋다. 지금 시간이 없어서, 경제적 여유가 없어서 할 수 없다고 말하지만, 그럼에도 불구하고 오십에는 나를 성장시킬 수 있는, 나를 위한 시간이 꼭 필요하다. 나를 성장시키는 데는 많은 돈과 많은 시간이 필요하지 않다. 할 수 있는 것부터 하나씩 시작하면 된다.

하루의 시작과 마무리를 결정하는 것은 오로지 나 자신이다. 앞으로는 내가 무엇을 하고, 무엇이 될지, 어떻게 살아갈지 선택하는 것도 오로지 나의 선택이다. 내가 할 수 있는 것을 행하고 할 수 없는 것은 애써 붙잡지 않는다. 오늘 할 수 있는 것에 집중하고 그것을 실행할 뿐이다.

오십의 태도

나의 하루를
좋은
습관으로

나의 하루는 좋은 잠에서 깨어나며
나의 죽은 세포를 흔들어 깨운다.
깨끗한 물을 마시고 몸을 이롭게 하는 음식을 먹으며
따뜻한 차 한잔의 여유를 즐긴다.
몸속의 독소를 빼는 격렬한 운동을 사랑하고
틈틈이 남들의 생각과 지혜를 만나는 시간을 갖고
나만의 세상과 마주하며 이야기를 나눈다.
평범한 일상에 감사하며
사랑하는 가족에게 애정을 담고
하루를 되돌아보는 시간이 소중하다.
나는 그렇게 하루를 산다.

오십의 태도

가끔 친구들을 만나면 오십의 무료한 일상을 이야기하게 되고 지금 우리 나이가 그런 나이라는 푸념을 하면서 같은 마음을 주고받는다. 여러 가지로 인생의 혼란스러운 과정을 경험하게 되는 시기다. 대부분 직장을 그만두게 되어 인생이 허무하게 느껴지기도 한다. 자녀의 독립과 혹은 독립하지 못한 자녀의 문제로 갈등을 겪기도 하고, 여러 가지 신체 변화로 오는 몸의 고통 등의 이유로 우울증이 찾아올 수도 있다. 이런 마음 사이로 느껴지는 우울과 공허, 허무함 등을 잘 관리하지 않고 방치하면 호시탐탐 기회를 엿보며 마음의 변화가 찾아오려고 한다.

오십은 나름 여유를 느낄 수 있는 나이이기도 하다. 예전처럼 친구나 인간관계도 복잡하지도 않고 단출하다. 계속 연락하는 친구도 한정적이며 사회 참여 또한 줄어든다. 자연스럽게 남는 건 시간이다. 이 시간은 나름 인생의 2막을 시작하면서 어떻게 살아야 할지, 무엇을 하며 살지를 고민하고 한 번은 쉬어가라는 의미로 느껴진다.

습관은 매일 하는 작은 행동의 반복으로 만들어지고 굳어진다. 처음 작은 습관 하나는 생각 없이 그냥 하는 행동이다. 아침에 물 한 잔을 마시는 것, 일어나서 이불을 정리하는 것, 식사 후 바로 양치하는 것. 이 외에도 우리가 하는 작은 행동은 무수히 많다. 그것이 나쁜 습관이든 좋은 습관이든 결국 습관이란 내가 만드는 것이다.

얼마 전의 일이다. 아침 운동 루틴은 보통 9시에 시작한다. 운동 시간을 정해놓고 하지 않으면 자꾸 자신과 타협하려고 하는 마음이 생기기 때문에 일부러 시간을 정해두었다. 그런데 아침부터 날이 흐리고 비가 오기 시작한다. 인간은 날씨의 영향을 받는 동물이고, 나는 특히 날씨에 영향을 받는다. 자신이 어떤 사람인지 아는 것도 습관 형성에 도움이 된다. 내가 게으른 사람인지, 부지런한 사람인지, 계획대로 움직이는 사람인지 아니면 계획 자체를 싫어하는 사람인지도 중요하다. 나를 알아야 올바른 방법도 찾을 수 있다.

나는 날씨에 영향을 많이 받는 사람이어서 비가 오거나 흐린 날에는 마음이 동요될 때가 많다. 아침 8시에 날씨를 보니 또 운동하기 싫을 것 같다. 우선 운동복을 입었다. 운동복을 입고 안 입고는 의지에 큰 차이가 난다. 운동복을 갈아입지 않으면 나도 모르게 날씨에 제압당해 소파에서 뒹굴뒹굴하며 TV를 보는 일로 연결된다. 하지만 운동복으로 갈아입고 나면 어떻게든 운동을 한다. 타협하려는 마음이 들기 전에 운동복으로 갈아입었다. 집에서 운동을 해도 운동복을 갖춰 입는다. 왠지 더 자신감도 생기고 마음가짐 역시 달라지기 때문이다.

그런데 이날은 운동복을 입고도 일어날 생각이 들지 않았다. 그래도 할 일은 해야겠다 싶어 책도 보고 블로그에 글도 쓰고 빨래도 하고 청소도 했는데 운동은 하기 싫었다. 보통 그런 날은 운동을 쉬기도 하지만 이날만큼은 나에게 지고 싶지 않았다. 어떻게 입은 운동복인데 오늘은 꼭 하고 말 거야. 벌써 오후 4시다. 이제 한 시간만 있으면 남편이 와서 저녁밥을 해야 할 시간이다.

운동복을 입고 하루 종일 집안일을 하다가 순간 거울을 보고 혼자 웃어버렸다. 도대체 나는 왜 이러고 있는지, 누가 시켜서 하는 것도 아닌데 이렇게까지 할 일인가 싶다가도 그런 노력을 하는 내가 싫지 않았다. 오후 4시에서야 겨우 마음을 다잡고 운동을 한다. 깨끗이 씻고 나니 비로소 오늘 할 일을 다 한 것 같다.

좋은 습관을 만드는 건 쉬운 일이 아니다. 의도적인 노력 없이 얻어지는 것도 없다. 나이가 들면 쉽게 바뀌는 습관보다 바뀌기 어려운 습관을 더 많이 가지게 된다. 내 몸 깊숙이 밴 습관은 좀처럼 바꾸기가 쉽지 않다는 것을 누구나 느낄 것이다. 그러나 우리 나이에 가장 필요한 것도 좋은 습관을 갖는 것이다.

습관을 변화시키고자 할 때 느끼는 어려움은 내가 실제 무엇을 원하고 있는지, 무엇을 바꾸고 싶은지 인식하지 못하는 데 있다. <u>습관을 변화시키기 위해서는 자신의 습관이 좋은 습관인지 나쁜 습관인지를 먼저 인식해야 한다.</u> 2년 전 습관에 관한 책을 읽으면서 나의 일상적 습관을 써보고 돌아보는 시간을 가졌다. 노트에 일상적 습관들을 적고 좋은 습관인지 나쁜 습관인지 그냥 습관인지를 표시하며 나쁜 습관을 바꾸고자 했다.

좋은 습관은 +, 나쁜 습관은 -, 그냥 습관은 =로 표시한다

· 알람을 듣고 일어난다 =

· 아침 확언을 한다 +

· 아침 운동 루틴(복근 운동, 스트레칭)을 한다 +

· 이부자리를 정리한다 +

· 따뜻한 물을 마신다 +

· 아침 식사로 야채과일식을 자주 먹는다 +

· 영양제를 먹는 것을 자주 잊는다 -

· 커피를 하루 세 잔 마신다 -

· 아침 8시에 홈쇼핑을 본다 -

· 책을 읽는다 +

· 글을 쓴다 +

· 근력 운동을 한다 +

· 간식으로 빵을 자주 먹는다 -

· 거의 매일 저녁 식사 때 맥주를 마신다 -

· 감사 일기를 쓴다 +

· 다이어리를 쓴다 +

· 취침 시간을 지킨다 +

이렇게 하루를 돌아보며 내가 하는 것들을 적어보고 표시를 하면서 무엇을 바꿔야 할지 알게 되었다. 그리고 생각보다 좋은 습관이 많아서 기분도 좋았다. 각자 자신의 일상에 따라 습관은 달라질 것이다. 일단 적어보고 자신에게 안 좋은 습관이 무엇인지 알고 그것을 줄

오십의 태도

이려고 노력해야 한다. 만약 좋은 습관보다 나쁜 습관이 더 많다면 나쁜 습관을 고치기보다는 좋은 습관을 하나씩 만들어가는 데 더 노력을 기울여야 한다.

나쁜 습관이 무엇인지 인지하고 그것을 바꾸려는 마음을 가지면 행동 제어가 일어난다. 홈쇼핑을 안 보기 위해 리모컨을 안 보이는 곳에 넣어둔다거나 가족들에게 빵을 사 오지 말라고 하기도 한다. 저녁 식사 때 매일 먹는 맥주는 주 3일로 조절한다. 이처럼 자신의 습관을 인식하는 것만으로도 변화는 일어난다.

100세 시대, 이제 건강은 인생 2막을 살아가는 데 필요조건이 아니라 필수 조건이다. 수명이 길어진 만큼 건강하게 사는 것은 중년에게 있어 최대 관심사다. 미리 관심을 가지고 건강을 챙기면 좋으련만 인간은 늘 지나고 나서 후회하는 습성이 있다. 내 몸에서 적극적인 신호를 보내지 않을 때는 미처 신경 쓰지 못한다. 그러다 문제가 생겨 안 좋은 신호를 보내면 그제야 건강에 온 힘을 쏟는다. 이렇듯 아주 작은 습관이 모여 중년이 된 우리에게 자신이 만든 습관으로 인한 질병을 하나씩 결과로 보여준다.

인생 2막은 어떻게 살아갈지를 고민하고 거기에 맞는 좋은 습관을 하나씩 찾아야 한다. 아주 사소하고 작은 일부터 시작해 꾸준히 늘려나가는 연습이 필요하다. 우리는 대개 사소한 진전은 과소평가한다. 그러나 작은 습관은 시간이 지날수록 점점 더 커진다. 10년 후 나의 모습이 걱정된다면 지금 어떻게 행동하고 어떤 습관을 가져야 하는지 다시 생각해 보자.

지금까지는 젊음으로 건강을 자신해 왔다면 앞으로는 좋은 습관과 나쁜 습관의 결과가 어마어마하게 나타날 것이다. 습관은 한순간의 변화로 만들어지는 것이 아니다. 우리가 어디에 시간을 들였든 그것은 복리로 증가한다. 좋은 습관은 시간을 내 편으로 만들지만 나쁜 습관은 시간을 적으로 만든다. 매일 하는 일 하나하나가 얼마나 중요한지 이제 몸소 느끼고 실천해야 할 때다.

인간 행동의 80퍼센트 이상은 습관에서 나온다고 한다. 다시 말해 우리 생활의 대부분은 우리가 별생각 없이 무심히 반복하는 행동으로 채워진다. 먹고 마시고 씻고 입고 걷고 운동하고 일하는 행동 하나하나에 집중하고 신경 쓰며 살아야 한다면, 정신적 압박과 삶의 무게를 도저히 견딜 수 없을 것이다. 우리가 운전하면서도 대화하고 옷을 입으면서 일과를 구상할 수 있는 것은 반복된 습관의 힘이다. 무심히 반복하는 행동이 우리의 삶을 만들어가듯, 자신의 작은 행동 하나하나를 좋은 습관으로 채워나가는 노력이 필요하다. 우리의 인생 2막이 편안해지려면 그에 맞는 좋은 습관을 장착해야 한다.

5년, 10년 후의
나를
그리다

몇 년 전 강원도 여행을 갔다가 바닷가에서 혼자 앉아 있는 노인을 보았다. 그분의 뒷모습이 왜 그렇게 쓸쓸해 보였는지 한참 눈을 떼지 못했다. 어둑해진 저녁 무렵 저분은 저기 앉아서 무슨 생각을 할까? 그저 스쳐 지나가는 순간인데도 여행길 내내 그 뒷모습이 떠올랐다. 무슨 이유인지는 모르지만, 그 모습에서 나의 노후를 떠올렸기 때문이다. 막연히 노후에는 부자로 살 거라고 생각했다. 부자가 되고 싶다고만 생각했지, 얼마가 있어야 부자인지 얼마를 갖고 싶은지 정확한 개념조차 없었다. 그저 세상에서 얘기하는 부자의 기준, 모두가 부러워하는 부자라는 단어만을 부러워했을 뿐이다. 막상 오십이 되고 보니 부자라는 단어는 이제 먼 나라 얘기로 들린다.

　나는 참 잘 살아왔다고 자신 있게 말할 수 있는 사람이 몇 명이

　　　　　　　　　　　　　　　　오십의 태도

나 될까? 항상 지금의 자신은 부족하고, 이룬 것도 없고, 열심히 살았는데 결과는 없다는 생각으로 미래가 걱정되는 사람들이 대부분일 것이다. "돈은 바닷물과 같아서 마시면 마실수록 목이 마르다"라고 하지 않는가? 또 돈에서 자유로울 수 있는 사람은 몇 명이나 될까? 그렇다면 돈은 얼마를 벌어야 행복하고 얼마가 있어야 행복을 누리면서 살 수 있을까? 고민해 봐도 그 한계를 정하는 건 분명 어려운 일이다. 사람마다 원하는 행복의 기준이 모두 다르기에 부는 상대적일 수밖에 없다.

2023년 6월 14일 〈글로벌이코노믹〉 기사에 따르면, 미국인이 생각하는 '부자'의 기준이 달라졌다고 한다. 돈이 많아야 부자라는 오랜 통념이 미국인 사이에서 깨지고 있는 것이다. 최근 미국인을 대상으로 실시한 조사에서 돈이 많은 것보다 웰빙이 더 중요하다고 생각하는 응답자가 많았다. 미국을 대표하는 증권사이자 금융자산운용사 찰스 슈왑에서는 지난 수십 년간 '부자'라는 주제로 21~75세 미국인 1,000명을 대상으로 설문 조사를 해왔다. 지금까지는 돈이 많은 것이 가장 중요하다고 생각했지만 2023년 3월 기준으로 이뤄진 설문 조사에서는 웰빙이 가장 중요하다고 대답했다. 웰빙의 사전적 의미는 정신적으로나 육체적으로 건강하고 행복한 상태로, 웰빙을 돈보다 중시한다는 것은 경제적으로 부를 축적하는 것보다 삶의 질이 높아지는 것을 추구한다는 것과 같다.

언제부터인가 부자의 개념이 조금씩 바뀌고 있다. 사회에서 인정하는 부자의 기준과 남들의 기준이 아닌, 나만의 기준을 찾으려고 노력한다. 어떤 의미에서 생각해 보면 부자의 기준은 자신의 마음에 달려 있는 게 아닐까.

헨리에트 앤 클라우저의《종이 위에 기적, 쓰면 이루어진다》를 읽고 10년 후 나를 생각해 보고 구체적으로 그려보는 계기가 되었다. 막연히 100억 부자가 될 거야, 노후에는 부자로 넉넉한 삶을 살 거야 가 아니라 내가 어떻게 살고 싶은지를 생각해 보고 하나씩 글로 써보고 그림으로 그려보니 훨씬 생생하게 현실로 다가온다.

내가 원하는 10년 후의 삶을 그려본다. 나는 자연과 더불어 살고 있다. 그곳에는 산과 강이 있다. 마당이 있는 전원주택에 살며 정원에는 꽃과 나무가 어우러져 있다. 좋은 먹거리를 키워 먹을 수 있는 텃밭이 있고 언제든 소중한 가족과 지인이 오면 부담 없이 묵어갈 수 있는 사랑채가 있다. 이 사랑채는 뜨뜻하게 허리를 지질 수 있는 온돌방이다. 남편과 함께 집을 가꾸고 맛있고 몸에 좋은 음식을 해 먹으며 건강한 노년의 생활을 즐기고 있다. 현금은 둘이 쓰기에 풍족하지는 않아도 부족함은 없다. 매달 연금이 나오니 기본적인 것은 해결된다. 어디든 이동할 수 있는 차 한 대와 넓은 마당에서 함께 뛰어노는 반려견 두 마리도 있다. 필요하다면 매일 건강한 먹거리를 줄 수 있는 닭도 키워보고 싶다. 매일 운동하고 산에 오르고 남편은 강을 좋아하니 강에서 낚시를 하고 이런저런 즐길 거리를 찾을 것이다. 계절마다 좋아하는 꽃을 심고 과실나무들이 지천이다. 사계절을 자연과 함께하며

오십의 태도

책을 읽고 글을 쓰고 산에 오르고 운동하며 살고 있다.

자신이 진정 무엇을 원하고 무엇을 좋아하는지 알면 생각보다 꿈이 소소하다는 걸 알게 된다. 막연히 부자가 되고 싶다는 상상보다 구체적으로 그리는 삶이 훨씬 다채롭고 풍족하다. 오십이 되기 전 나는 100억 부자를 꿈꿨다. 100억이면 누구나 인정하는 부자 같았다. 그런데 막상 100억이 생긴다고 해도 그것을 온전히 지키고 누릴 수 있을까 싶다. 돈은 자신의 그릇만큼 채워지는 법이거늘 자신의 그릇은 키우지 않고 욕심만 키웠나 보다. 자신을 알고 돈을 알면 욕심을 버리게 된다. 욕심을 부릴 게 아니라 자신을 성장시키는 것이 먼저다.

자신이 좋아하는 것을 생각하면서 10년 후 구체적인 삶을 그려보자

- 공기 좋은 자연에 산과 강이 어우러진 곳
- 실평수 500평에 건평 30평 집 한 채
- 온돌방 사랑채
- 화장실은 두 개
- 차고
- 반려견 두 마리
- 적당한 현금과 연금
- 자동차

이렇게 적어보면 지금 가진 집, 부동산 등을 처분하고 얼마가 더 필요한지 계산할 수 있다. 생각만 하고 구체화하지 않으면 그려지지 않는다. 내가 원하는 삶의 방향이 무엇이고 어떤 삶을 살고 싶은지 오십이 되어서야 조금씩 알아가는 중이다. 꿈은 구체화하고 작게 쪼개 그림을 그리거나 숫자로 표현해 보면 훨씬 더 쉽게 그릴 수 있고 생각 또한 명확해진다. 《퓨처 셀프》에서도 "명확한 이정표가 앞에 없으면 인간은 말 그대로 원을 그리며 걷는다"라고 하지 않던가? 물론 이런 계획은 내 뜻대로 되지 않을 때도 많다. 그것도 괜찮다. 이정표 없이 원을 그리며 도는 것보다 내 뜻대로 되지 않더라도 나아가고 깨닫고 수정해 나가면 될 일이다. 미래의 나를 생생하게 그릴수록 내가 살고 싶은 나로 살게 된다.

지금 하고 싶은 것, 할 수 있는 것을 하면서 사는 것이 오십에 생각하는 부자다. 풍족하지 않아도 돈에 얽매이지 않고 나만의 시간을 가지며 원하는 것을 할 수 있는 삶이야말로 진정한 부자가 아닐까? 지금의 나는 하루를 어떻게 살아야 10년 후 원하는 삶을 살 수 있을까를 생각해 본다.

너무 멀고 큰 목표를 생각하며 살 때보다 지금의 내가 훨씬 인간적으로 느껴진다. 블로그에 글을 쓰면서 가치와 행복을 찾는 단어, 나를 성장시키는 단어를 생각했다. 그리고 '오늘 할 수 있는 일에 집중', '지금 여기에서 행복', '오늘도 성장'이라는 나만의 단어를 떠올렸다. 나만의 단어는 매일 나의 일상과 함께하며 나에게 힘을 준다. 신기하

오십의 태도

게도 자신을 성장시키는 단어를 계속 쓰고 반복하다 보면 자신이 그렇게 살고 있음을 느끼게 된다. 10년 후, 내가 원하는 삶을 그릴 수 있는 원동력이 된다.

모든 선택과
결정은
나의 몫

우리는 살면서 수많은 선택과 결정의 순간을 마주한다. 아주 작은 것부터 감당하기 힘든 큰 문제까지 다양한 일이 생긴다. 누구나 더 나은 인생을 위해 무엇을 어떻게 해야 할지 고민할 수밖에 없다. 하루도 작은 선택과 결정으로 시작된다. 아침에 기분 좋게 일어나는 것도 내가 선택할 수 있고, 하기 싫은 운동을 할지 말지도 내가 선택하고 결정할 수 있다. 우리의 삶 자체는 크든 작든 선택과 결정으로 이루어진다. 어떤 것이 좋다 나쁘다 말할 수도 없다. 그저 내가 한 선택과 결정에 따른 책임이 있을 뿐이다.

《법륜스님의 즉문즉설》에도 비슷한 이야기가 나온다. 인생에는 정답이 없다며, 자기가 선택한 대로 살 뿐이라고 했다. 우리가 이럴까 저럴까 망설이는 것은 선택에 대한 책임을 지고 싶지 않기 때문이라는 것이다.

나는 어떤 선택을 하면서 여기까지 왔을까를 생각해 본다. 말로는 쉽게 표현되는 이 선택과 결정의 순간이 늘 복잡하고 어렵고 힘들게 느껴진다. 선택과 결정을 표현하는 글은 모두 비슷하고 정확하다. 모든 선택은 자신의 몫이며 그에 대한 결과 또한 받아들이라는 것이다.

그래서 그런지 우리는 평소에도 그런 말을 자주 주고받는다. "네가 결정해." "네 뜻대로 해." "네 선택에 따를게." 어디서 많이 들어 본 말 아닌가? 우리는 작은 선택과 결정도 상대방에게 미룰 때가 많다. 음식점에서 메뉴를 시킬 때도 "나는 아무거나 괜찮아. 네가 알아서 시켜"라고 하거나, 어딘가에 갈 때도 "나는 아무 데나 좋아. 너희들이 가자는 대로 갈게"라고 한다. 이런 말 뒤에는 어떤 마음이 숨어 있는 걸까? 회피일까? 아니면 결정력이 없어서일까? 그것도 아니면 책임지고 싶지 않아서일까? 뭐가 됐든 우리는 선택할 권리를 나 아닌 다른 사람에게 전가하는 경향이 있다.

홈쇼핑 의류 방송을 보면 쇼호스트가 시청자들이 올려놓은 바로톡을 읽으면서 "무슨 색을 사야 할까요?"라는 질문에 색상을 추천해 준다. 물론 전문가에게 질문하고 그중 무난하게 입을 수 있는 색상을 고르는 것도 좋은 방법이다. 그러나 방송 때마다 같은 질문이 올라오는 것을 보면 확실히 우리는 선택을 미루는 경향이 있는 것 같다. 사람마다 얼굴색과 이미지가 다르고 직접 보고 추천해 주는 것도 아닌데도 불구하고 쇼호스트가 어떤 색이 제일 예쁜 것 같다고 하면 그

오십의 태도

색에 주문이 몰린다. 나 역시 온라인 상품을 구입할 때 리뷰를 많이 본다. 써본 사람들의 경험을 사는 것이다. 그런 리뷰에 자꾸 의지하다 보니 선택이 더 어려워지기도 한다. 작은 것도 큰 것도 누군가의 도움을 받고 실패하지 않을 안전함을 선호하게 된다. 분명 장점도 있지만 단점도 존재한다. 단기적으로는 실패하지 않아 좋을 수 있으나 길게 보면 선택의 경험을 소극적으로 제한하기 때문이다.

2년 전 큰 선택과 결정을 해야 하는 순간이 있었다. 선택과 결정이 어려워 몇 달을 고민하고 결론을 내려야 했다. 물론 그 선택과 결정에 따른 결과는 내가 책임지고 있다. 그때의 선택이 최선은 아닐지라도 후회하지는 않는다. 2021년 주식과 부동산 분야에 광풍이 불었다. 일을 그만두고 재테크 공부를 시작했다가 주식과 부동산에 관심을 가지고 투자를 하게 되었다. 처음 주식을 시작할 때만 해도 수익이 나서 꽤 재미있었다. '와, 이런 게 자본주의구나. 왜 이걸 이제야 알았을까'를 느끼며 투자를 이어가다가 2022년부터 시작된 주식 하락으로 지금도 원금조차 회수하지 못하고 있다.

부동산 투자에도 관심을 가지고 공부를 하다가 2021년 10월에 부동산을 구입했다. 남편이 사업을 하고 있었고 공장을 임대로 쓰고 있었다. 굳이 남의 공장에 임대료를 주느니 우리 공장을 사자라는 생각으로 부동산을 구입했다. 구입 당시에는 부동산 경기가 좋은 편이라 크게 걱정하지 않았다. 그런데 인생이 다 계획대로 되는 건 아니었다. 부동산을 구입하고 얼마 되지 않아 대출이자가 오르기 시작했다.

부동산을 사면서 빌린 대출금의 이자는 천정부지로 오르고 지금까지도 이자가 높아 부담스러울 정도다. 부동산을 구입할 당시만 해도 이런 결과가 나오리라고는 생각지도 못했다. 그저 내 선택과 결정대로 순탄하게 돌아갈 것이라고 생각했지만 세상은 그렇게 호락호락하지 않다.

지금도 내 선택과 결정의 결과를 고스란히 받아들이고 있다. 이자가 너무 올라 고민하다가 결정을 내렸다. 결정을 내리는 데는 여러 가지 요인이 있었지만 그중 가장 큰 요인으로 작용하는 것은 이자였다. 2018년에 운 좋게 신도시에 아파트를 분양받게 되었다. 새 아파트에 입주하고 행복을 다 느끼기도 전에 지금 사는 아파트로 이사를 했다. 그것도 월세로 말이다. 대출이자를 감당하기가 버거워서 살고 있던 아파트를 월세 주고 우리도 월세로 사는 방법을 선택했다. 월세를 받아 사는 집 월세를 해결하고 남은 돈으로 대출이자에 보태는 식의 계산으로 선택한 결정이었다.

우리는 살아가면서 늘 선택과 결정을 마주한다. 그 선택과 결정이 잘한 것이든 못한 것이든 그것에 따른 결과는 온전히 자신의 몫이다. 지금도 가끔 생각해 본다. 그때 그런 선택을 하지 않았더라면 지금 아무런 걱정 없이 살고 있을지도 모른다. 짧은 시간에 몇 번의 이사를 하지 않았어도 됐을 것이고, 대출이자로 부담을 느끼지 않아도 됐을 것이다.

그러나 후회한다고 모든 것이 해결되지 않는다. 생각해 보면 꼭

오십의 태도

나쁜 것만은 아니다. 이사를 결정할 때도 단지 이자에 대한 부담만 가진 건 아니었다. 남편의 출퇴근이 가까운 곳으로 이사하는 장점도 있었고 남편도 원했기에 나름 편안하게 결정할 수 있었다. 남의 공장이 아닌 내 건물에서 안정적으로 사업을 유지할 수 있다는 장점도 있다. 어떤 선택과 결정이 당장은 안 좋은 결과를 가져오더라도 꼭 나쁜 것만은 아니라는 것을 알게 되었다. 또 어려움이 있으면 그 또한 지나간다는 것도 알게 되었다. 세월은 참 빠르다. 벌써 2년이라는 시간이 흘러 이제는 또 다른 선택과 결정을 할 때가 다가왔다. 다시 원래의 상태로 돌아갈 것인지, 아니면 2년을 더 연장하고 지켜볼 것인지. 두렵고 힘든 삶을 만나면 내 생각부터 변해야 한다. 내가 변하지 않으면 삶도 변하지 않는다. 한 번의 선택과 결정이 두 번의 선택과 결정에 많은 도움을 준다. 자신이 어떻게 마음을 먹느냐에 따라 모든 것이 결정된다.

오마에 겐이치의 《난문쾌답》에 따르면, 사람을 바꾸는 방법은 세 가지다. 시간을 달리 쓴다, 사는 곳을 바꾼다, 새로운 사람을 사귄다. 이 세 가지 방법이 아니면 인간은 잘 바뀌지 않는다고 한다. 나는 어떤 선택과 결정으로 이 세 가지를 모두 경험한 운 좋은 사람이 되었다. 의도했든 의도하지 않았든 사는 곳을 바꾸게 되었고 그로 인해 시간을 달리 쓰고 있다. 그리고 시간을 달리 쓰면서 새로운 만남이 이어지고 있다.

변화에는 늘 두려움이 앞선다. 그것도 한 번도 겪지 못한 변화는 두려움으로 망설이게 된다. 그러나 그 변화를 용기 있게 받아들이면 또 다른 세상이 펼쳐진다. 아무것도 선택하지 않으면 아무 일도 일어나지 않는다. 세상에 옳은 선택은 없다. 그렇다고 틀린 선택도 없다. 어떤 선택과 결정을 내렸다면 당시로서는 최선의 선택이었을 것이다. 선택과 결정을 할 당시에는 나중에 후회하면 어떡하지, 잘못되면 어떡하지라는 생각으로 고민도 하고 결정을 미루기도 한다. 설령 그렇다 할지라도 선택과 결정을 한 다음에는 결과에 승복하고 앞으로 나아가야 한다. 모든 선택과 결정은 나의 몫이기 때문이다.

PART
2

백세 인생,

오십 청춘으로
산다는 것

오늘
　　할 수 있는 일에
집중하자

누구나 유난히 힘든 날이 있다. 일도 마음대로 되지 않고 원하는 것을 얻을 수 없을 때면 좌절에 빠져 허우적거린다. 나는 마흔일곱 살에 허리 통증이 심해져 직장 생활이 어려워졌다. 더 이상 사회의 일원으로 일할 수 없다는 생각에 우울했다. 교통사고 후유증으로 허리에 고질 병을 안고 살았고 오른쪽 다리와 발 저림으로 수술을 해야 하는 상황에 닥쳤다. 병원에서 MRI를 찍고 의사 선생님과 수술에 대한 상담을 받고 나오는데 나도 모르게 눈물이 흘렀다. 나는 아직도 한창인데 내 몸은 왜 더 이상 나를 받쳐주지 않는지 힘들고 우울했다. 삶의 질이 바닥으로 떨어져 힘들어하던 시기였다. 아무리 정신이 건강해도 육체가 건강하지 못하면 온전히 유지할 수 없다. 그때의 내가 그랬다. 몸이 아프니 모든 것이 다 귀찮고 허무하게 느껴졌다.

의사 선생님께 조금 더 생각해 보고 결정을 내리겠다고 하고 집에 오니 병원에서 어르신들께 들은 말이 생각났다. 진료를 보기 전에 함께 기다리던 어르신들이 젊은 사람이 무슨 일로 왔냐고 물어보셨다. 허리 통증이 심해져 오른쪽 다리에 발까지 저린 증상이 있어서 MRI를 찍고 수술을 할지 말지 보러 왔다고 하니 젊은 사람은 수술하는 거 아니라며 버틸 때까지 버티다가 하는 게 허리 수술이라고 하셨다. 지금 하지 말고 나중에 하라며 어르신들이 이구동성으로 조언을 주셨다. 그날 어르신들의 말이 며칠이 지나도 머리에서 떠나지 않았다. 그렇게 다니던 직장을 그만두고 허리 수술은 일단 보류했다. 우선 내가 할 수 있는 작은 일부터 하나씩 하기로 마음을 먹었다.

가끔 그때의 결정과 선택을 하지 않았다면 지금은 어떻게 하고 있을까 생각해 본다. 어떤 선택은 내 의지와 상관없이 시작될 수 있다. 갑작스러운 사고나 질병 등이 그렇다. 그러나 시작은 결정하지 못하지만 과정은 다를 수 있다. 의사 선생님의 말을 듣고 수술을 선택했다면 더 나은 생활을 했을지도 모른다. 그러나 나는 다른 선택을 했다. 딱 1년만 수술을 미루고 지금 할 수 있는 것을 해보기로 했다. 그래도 안 되면 수술을 하자는 결정을 내렸다. 사실 지금도 20년 전 교통사고로 인해 척추에 심을 박고 살아가고 있기에 최대한 수술은 피하고자 하는 마음이었다.

그렇게 다른 하루가 시작되었다. 매일 운동하고 매일 책을 읽었다. 일단 쉬면서 나를 돌아보는 시간을 가지며 어떻게든 변화하려고 노력했다. 하지만 매일 책을 읽고 운동을 해도 눈에 띄게 달라지는 게 없어 초조하고 불안했다. 우리는 사소한 진전은 과소평가하기 쉽다. 작은 성장은 눈에 띄지 않는다. 그리고 가끔은 이런 행동이 무의미하게 느껴질 때도 많다. 하지만 그 작은 시작이 얼마나 의미 있는 일이었는지 지금은 안다. 일상의 작은 행동이 조금만 바뀌어도 삶이 얼마나 달라지는지 알면 그저 놀라울 뿐이다. <u>오늘의 작은 행동이 의미 없어 보이지만 그런 행동이 쌓여 지금의 나를 만든다.</u> 우리의 삶은 한순간의 변화로 만들어지는 것이 아니다. 지속적으로 반복했던 행동이 결과가 되는 것이다.

쉰두 살이 된 지금 나는 허리 수술을 하지 않았지만 일상생활을 하는 데 전혀 무리가 없다. 저리던 다리도 정상으로 돌아왔고 발끝으로 전해지던 찌릿한 통증도 없어졌다. 신체 건강을 회복하고 나니 정신적으로도 충만한 삶을 살고 있다. 물론 지금도 힘든 일을 하거나 무리를 하면 다시 안 좋아질 수도 있다. 그러나 일상생활에 무리가 없도록 스스로 변화시켰다는 데 의미를 가진다. 매일 하는 일상의 행동이 얼마나 중요한지는 몸이 먼저 말해준다.

우리는 종종 어떤 행동을 실행하면서 결과가 바로 나오기를 기대한다. 그리고 결과가 기대만큼 나오지 않으면 낙담하고 포기한다. 마흔일곱 살에 시작한 행동은 쉰이 되어서야 조금씩 결과로 나타나기 시작했으니, 결과만 보고 포기했다면 지금의 모습을 기대할 수 있었을까? <u>노력의 결과는 기대보다 늦게 나타나며 꾸준히 행하지 않으</u>

면 만나기 힘들다.

친구와 통화를 하거나 가족들과 안부 전화를 할 때면 주로 하는 말이 있다. 운동에 진심인 나를 보며 "참 운동 열심히 한다"라는 말에 나는 농담을 담아 "살려고 하는 거야"라고 말하곤 한다. 인생에서 뜻하지 않았던 좌절을 경험한 뒤 찾아온 변화는 쉽게 포기할 수 없었다. 그때의 나와 지금의 나는 무엇이 바뀌었을까 곰곰이 생각해 보면 내 안에 자리 잡고 있는 나만의 정체성이 바뀌었다. 바뀌기 전 나는 늘 결과만을 중시하며 목표를 길고 크게 잡았다. 오늘을 살기보다 내일과 미래만을 생각하며 살았다. 그러나 지금은 다르다. 지금의 나는 어떤 사람으로 살고 싶은지, 어떻게 인생을 살아가고 싶은지에 집중하며 오늘을 살아간다.

쉰이 되면서 인생의 모토를 세웠다. '지금 여기에서 행복하기' '오늘 할 수 있는 일에 집중하기'를 늘 염두에 두고 하루를 살아간다. 오늘 할 수 있는 일에만 집중해도 꽤 괜찮다는 걸 이제야 비로소 알 것 같다. 하루의 시간은 모두에게 똑같이 주어진다. 어떤 사람은 돈보다 시간을 더 중요하게 생각하고 또 어떤 사람은 무의미하게 시간을 보낸다. 하루의 시간은 모두가 다르게 보낸다. 그 시간에 어떻게 사는지에 따라 미래의 내가 결정된다. 작은 행동이 습관이 되고 그 습관이 삶이 되고 나의 정체성을 만든다. 5년 동안 변화를 위한 운동과 책 읽기를 하면서 나의 정체성은 조금씩 바뀌었다. 나는 무엇을 위해 운동을 하거나 책을 읽지 않는다. 나는 그냥 책을 읽는 사람이고 운동하는

오십의 태도

사람이다. 이렇게 생각하니 목표에 스트레스받지 않고 그저 행동할 수 있었다.

우리는 자신이 어떤 사람인지 믿는 대로 행동한다. 자신의 작은 행동 변화가 자신을 성장시키는 변화라고 느끼고, 무엇이든 스스로 변할 수 있다는 믿음이 생기면, 그때부터는 크게 노력하지 않아도 된다. 그저 자신이 하려고 하는 행동을 자연스럽게 할 수 있다는 게 놀라울 따름이다.

지금 하는 모든 것을 처음부터 모두 하지는 않았다. 처음에는 건강을 찾기 위한 노력으로 운동을 하고 지루한 시간을 이겨내려고 책을 읽었다. 자기계발서를 읽다 보니 자연스럽게 경제 공부를 하게 되었고 주식과 부동산, 경매를 공부하며 책을 읽었다. 읽은 책이 늘어나니 책 내용이 휘발성으로 날아가는 것 같아서 기록을 위한 블로그를 시작했다. 블로그를 시작하며 1일 1포스팅을 하고 지금은 책을 내기 위한 글을 쓰고 있다. 이런 일련의 과정은 모두 오늘 할 수 있는 일에 집중하고 그저 하루를 살았기 때문에 가능했다.

《아주 작은 습관의 힘》에서는 작은 행동이 모여 습관이 되고 그 습관이 유지되는 하루를 살면 습관은 증거가 되고 미래의 자신이 된다며 작은 습관의 중요성에 대해 말한다. 오늘 하루를 어떻게 살아가느냐에 따라 내일의 내가 결정된다. 지금 하는 일의 결과가 눈에 보이지 않아 뭐가 달라졌냐고 생각하는 사람도 있을 수 있다. 그러나 작은 행동이 모여 가치 있는 사람을 만든다는 것을 잊어서는 안 된다.

의도적인 노력 없이
얻어지는 건
없다

마흔일곱 살부터 시작된 작은 변화가 시너지로 나타난 때가 쉰이 되던 해였다. 인생의 중턱에서 남은 반을 어떻게 살아야 잘 살지 진지하게 고민하던 때였다. 40대에는 느끼지 못하던 중압감이 느껴졌다. 공자는 《논어(論語)》〈위정편(爲政篇)〉에서 오십을 일컬어 '지천명'(知天命)'이라고 했다. '하늘의 명을 알았다'라는 뜻으로 하늘의 뜻을 알아 그에 순응하거나 하늘이 만물에 부여한 최선의 원리를 안다는 뜻이다. 마흔까지는 주관적 세계에 머물렀으나, 오십이 되면서 객관적이고 보편적인 세계인 성인의 경지로 들어섰음을 의미한다는 것이다. 쉰이 되면서 유독 오십이라는 나이가 들어간 책에도 관심이 생기고 중년이라는 단어에 대해서도 다시 생각하게 되었다.

50대에도 여전히 일을 하는 사람도 많지만, 나처럼 아프거나 신체 변화로 노안이 오거나 체력 문제로 어쩔 수 없이 일을 그만두거나 쉬는 사람도 많다. 40대에는 느끼지 못했던 공허함이 찾아오는 것도 이런 이유다. 그동안 정신없이 직장 생활을 하며 가정을 돌보다가 오십이 되면서 여러 이유로 일을 그만두게 되는 경우가 그렇다. 그동안은 쓸모 있는 사람으로 느껴지다가 시간이 여유로워지면 찾아드는 공허함에 내가 쓸모없는 사람이 된 것 같은 기분이 들어 우울해지기도 한다. 오십이 되면서 제일 걱정스러운 것은 갱년기다. 신체와 정신의 변화로 감정이 요동을 친다. 순간순간 찾아오는 허전하고 쓸쓸한 감정과 공허함이 그것이다.

《마흔에 읽는 쇼펜하우어》에서 쇼펜하우어는 인간의 행복을 가로막는 불행의 두 가지 원인으로 고통과 권태를 꼽는다. 가난한 사람은 돈이 없어서 고통에 시달린다면, 돈이 많은 사람은 넘쳐나는 돈을 어떻게 사용해야 할지 몰라서 삶에 권태와 무료함을 느낀다는 것이다.

일을 그만두고 집에서 쉬는 동안 나에게도 무료함이 찾아왔다. 시간은 많고 할 일은 없었다. 건강을 위해 운동을 해도 하루 한두 시간이면 충분했다. 남은 시간에는 집안일을 하고 또 남은 시간에는 텔레비전을 보며 시간을 보냈다. 친구에게 연락이 오면 만나고 급한 일, 중요한 일 상관없이 그냥 되는대로 시간을 보냈다. 그러면서 하루가 하는 일 없이 참 빨리 지나갔다. 그런 날이 반복되니 자연스럽게 무료함을 느끼고 그런 무료함에서 권태를 느꼈다.

오십의 태도

나는 하루를 마무리하면서 다이어리를 쓴다. 다이어리를 쓰기 시작한 것은 정말 잘한 일이지만, 처음 시작할 때만 해도 시간을 관리한다기보다는 있었던 일을 쓰기 바빴다. 인생의 변화가 필요한 시점에 다이어리를 만났고 루틴화될 때까지 매일 적었다. 3개월까지는 내가 다이어리를 적는지 다이어리가 나를 적게 만드는지 헷갈렸다. 주도적으로 쓴다는 느낌보다 그냥 압박감으로 썼다. 그렇게 3개월 정도가 지나니 조금씩 시간이 보였다. 한 연구 결과에 따르면 습관이 형성되기까지 걸리는 시간은 평균 59일이라고 한다. 다이어리 쓰기의 가장 큰 효과는 시간 관리가 가능하다는 것이다. 다이어리를 쓰고부터는 시간이 없다는 말은 하지 않는다. 나름 시간 관리를 하면서 시간은 스스로 관리하고 만들어야 한다는 것을 알았다. 1시간, 10분이 소중하게 느껴졌다.

매일 다이어리를 쓰면서 다음 날 계획을 세운다. 일과를 적다 보면 하루를 어떻게 보내는지가 보인다. 생각보다 쓸데없이 보내는 시간이 많다는 것도 다이어리를 쓰면서 알았다. 사소한 일이라도 시간별로 계획을 적고 실행했는지를 기록한다. 처음에는 이렇게까지 할 이유가 있나 싶었지만 내가 한 일 중 가장 잘한 일 같다. 하루 계획을 시간별로 정해놓고 반복하면 그것이 루틴으로 자리 잡는다. 그 시간에 내가 무엇을 해야 하는지 고민하지 않고 그냥 하게 되는 게 좋다. 계획을 지키지 못해도 괜찮다. 조금은 여유를 가져도 상관없다. 그 시간을 기록하다 보면 자연스럽게 또 어떻게 보내야겠다는 생각이 들기 때문에 조금씩 수정해 가면 된다.

다이어리를 쓰기 전에는 하루를 그냥 흘려보냈다. 그러면서 중년의 무료함을 이야기했다. 나이가 들면 의도적으로라도 시간을 조절하면서 나를 찾는 시간을 가져야 한다. 다이어리를 적는다는 것은 시간으로부터 나를 구속하려는 게 아니다. 시간의 자유를 얻고 나를 찾아가는 과정을 알기 위함이다. 아무런 변화 없이 편안함만 추구하기보다는 인생 2막을 위한 여정을 찾기 위한 노력이 필요하다. 오늘을 계획에 맞춰 온전한 하루로 보내기에는 우리의 삶은 늘 복잡하고 많은 일들이 일어난다. 내 시간을 갖고 싶은데 방해하는 요인이 존재하고 제대로 쉬지도 못했는데 그렇다고 계획적으로 보낸 것 같지도 않다.

우리의 삶은 그냥 저절로 오지 않는다. 어떤 것을 시작하고 내 것으로 만들기 위해서는 꾸준한 노력이 필요하다. 그리고 그 과정은 매우 힘들고 지친다. 많은 사람이 하루가 계획대로 진행되지 않으면 걱정스럽고 불안한 상태로 삶을 살아간다. 머릿속에서는 계속 하지 못한 일에 대해 걱정하고 해야 할 일에 대해 불안해한다. 심지어 그런 걱정스러운 상태로 안 좋은 상황에 초점을 맞추고 그 감정에 오래 머문다. 그러면서 실행은 미룬다.

근심과 걱정은 사람을 빈약한 감정 상태로 빠지게 한다. 걱정은 우리가 어떤 행동을 취할 수 있도록 힘을 실어주지도 않을뿐더러 우리를 좌절하게 만든다. 생각은 좋을 때는 한없이 내 편인 듯하다가 나쁠 때는 언제 그랬냐는 듯 나를 나락으로 떨어뜨린다. 좋은 생각은 나를 성장시키지만 나쁜 생각은 나를 한없이 위축시키고 깊은 수렁으로 처박는다. 그래서 부정적인 생각을 많이 하면 망상이 생기고 허상에 빠지고 심하게는 우울과 정신질환을 앓는 요인이 되기도 한다. 나쁜 생각이 더 깊어지고 더 자라나기 전에 걱정을 끊어내야 한다. 우리의 삶에는 늘 크고 작은 문제가 있다. 살아가면서 한 번도 걱정 없이 잘 살고 있다고 느낀 적이 있는가? 누구나 힘든 시기가 있고 누구나 크고 작은 문제 한두 개쯤은 안고 산다. 나의 마음이 나쁜 생각이나 걱정하는 감정에 머물지 않도록, 지금 할 수 있는 일에 집중하는 의도적인 노력이 필요하다.

"걱정해서 걱정거리가 없어지면 걱정이 없겠네"라는 티베트 속담이 있듯 걱정한다고 해결되지는 않는다. 무엇이든 의도적인 노력 없이 얻어지는 건 없다. 생각만 하고 걱정한다고 해결되지도 않는다. 차라리 걱정거리로 가득한 날에는 청소나 정리에 집중한다. 평소보다 좀 더 동적인 운동을 하는 것도 도움이 된다. "걱정 없는 인생을 바라지 말고 걱정에 물들지 않는 연습을 하라"라는 프랑스 철학자 알랭 바우디의 명언을 되새겨야 한다.

처음 다이어리를 쓸 때만 해도 쓰는 것만으로도 벅차고 시간 관리까지는 어려운 일이었다. 그러나 매일 조금씩 나에게 필요한 것과 나만의 방법으로 기록을 바꾸면서 자신감이 생겼다. 조금씩 나아지는 것이 보였고 삶 자체에도 변화가 느껴졌다. 삶은 주어진 대로 편안하

게만 살아가려고 하면 변화하지 않는다. 인생의 변화를 꿈꾼다면 의
도적인 노력이 꼭 필요하다.

오십의 태도

마음의 열정보다
몸의 근력을
키워야
하는 이유

인간은 새로운 것에 호기심을 느끼고 그 호기심에 열정을 가지며 도전하곤 한다. 그러나 얼마 가지 않아 열정은 조용히 사그라들고 아무런 결과를 얻지 못한다. 어떤 일을 시작할 때는 열정이 꼭 필요하다. 그 일을 잘하고 싶고 성공하고 싶은 마음이 들어야 하기 때문이다. 그런데 성공을 이루기까지는 열정을 뒷받침해 줄 수 있는 몸의 근력이 있어야 힘들어도 포기하지 않을 수 있다. 아무리 열정이 불타올라도 근력이 받쳐주지 않으면 열정도 이어가지 못하고 성공도 이루기 힘들다. 우리가 마음의 열정과 함께 몸의 근력을 키워야 하는 이유다. 텔레비전이나 유튜브에서 성공한 사람들의 삶을 들여다보면 꿈과 열정 속에 하나 더 추가되는 것이 있다. 자기 관리, 즉 몸의 근력을 키우는 운동을 꾸준히 한다는 것이다.

오십의 태도

처음에는 열정만으로도 시작할 수 있다. 시작하고 얼마 동안은 작은 실행의 맛을 보기도 한다. 그러나 이런 실행을 꾸준히 이어가기 위해서는 단순히 열정만으로는 부족하다. 나는 열정이 많은 사람이다. 새로운 것에 대한 호기심으로 항상 도전하는 삶을 살아왔다. 그러나 늘 얼마 가지 않아 그 열정이 식었다. 지금 생각해 보면 열정과 도전을 방해하는 요인이 있었다. 다름 아닌 피곤함과 통증이었다. 교통사고로 후유증을 안고 있었기에 내 몸은 열정을 따라주지 않았다. 쉽게 시작하고 누구보다 노력하지만 노력의 성과가 보이기도 전에 나가떨어졌다. 피곤함에 열정도 사라졌다. 그리고 그것을 계속 반복했다.

지금 생각해 보면 나의 열정에는 문제가 없었다. 누구나 새로운 것에 대한 호기심과 열정 그리고 성장을 꿈꾼다. 늘 변하는 것이 꿈이고 지금보다 나은 삶을 원하기에 도전과 변화는 계속 생긴다. 하지만 열정과 도전을 꾸준히 이어갈 수 있도록 도와주는 건 몸의 근력이다. 몸의 근력을 키우면 마음의 근력은 자동으로 커진다.

무언가를 시작하고 싶은데 용기가 부족하고, 열정은 가득한데 체력의 한계를 느끼고, 하루에도 많은 계획을 세우고 실행하고 싶은데 하기 싫은 마음으로 미룬다. 겨우 시작은 했는데 며칠 못 가 몸이 아프고 다시 시작하기조차 어렵다. 이런 상황이라면 열정보다 몸의 근력이 부족한 것이다. 아무리 좋은 환경과 좋은 조건에 생각지 못한 운이 와도 그것을 누리고 받아들이고 활용할 활력이 없다면 온전히 내 것이 되지 못한다. 그래서 하루 중 많은 시간을 몸의 근력을 키우는 데 사용한다. 나에게는 어떤 열정보다 건강 관리가 우선이다. 몸의 근력이 그 어떤 열정보다 중요한 것을 알기 때문이다. 몸의 근력을 키우는 '작은 시작'은 열정을 열매로 키우는 '큰 원동력'이 된다.

운동은 누구나 시작할 수 있다. 그러나 지속하기는 힘들다. 연말이면 한 해를 새로운 마음으로 시작하기 위해 운동을 계획하는 사람들이 많다. 그래서 연초가 되면 헬스장에는 발 디딜 틈이 없을 정도로 사람들로 북적거린다. 그런데 한 달만 지나도 그동안 보이던 얼굴이 한두 명씩 사라지고 헬스장도 조금씩 한가해진다. 3개월쯤 되면 다시 평소로 돌아간다.

이런 현상은 무엇 때문에 반복되는 걸까? 작년 연말에 큰딸이 엄마처럼 스쿼트와 푸시업을 하겠다고 선언했다. 1년 내내 운동이라고는 하지 않다가 갑작스러운 선언이었다. 다행히 작심삼일은 넘겼다. 직장을 다니는 큰딸을 배려해 오전에 하던 스쿼트와 푸시업을 저녁 시간으로 바꿨다. 힘들다는 말을 연신 하면서도 며칠 열심히 같이 하는 걸 보면서 얼마나 할까 하는 생각에 피식 웃음이 났다. 작년 이맘때도 복싱을 배우겠다며 복싱 글로브를 사고 한 달 정도 다녔다. 선생님이 자기 보고 운동 신경이 있어 잘한다고 칭찬해 줬다며 한 달만 다니면 5킬로그램은 뺄 수 있을 것 같다고 들떠서 얘기한 게 엊그제 같은데 그 이후 복싱 글로브는 어디로 사라졌는지 보이지도 않는다.

작은딸 역시 마찬가지다. 자기는 한번 시작하면 하는 성격이라며 언니처럼 금방 그만두지 않는다고 호언장담을 하며 운동을 시작

오십의 태도

했다. 뱉은 말이 있어서인지 작은딸은 헬스장 1년 회원권을 끊고 6개월을 다니다 어느 날부터 가지 않는다. 색깔별로 구입한 운동복들은 옷장 서랍에서 나오지 못하고 있다. 예쁜 운동복을 보며 다시 운동을 시작하고 싶은 마음이 생겼으면 좋겠다.

운동은 누구나 시작할 수 있다. 그러나 꾸준히 하지 못한다. 왜일까? 나 역시 운동을 좋아하지만, 꾸준히 한다는 것이 얼마나 어려운 일인지 알기에 딸들의 마음 또한 이해한다. 우리의 몸은 머리가 명령하지 않으면 절대 움직이지 않는다. 나는 왜 운동을 해야 하는지 알기 때문에 안 할 수가 없다. 운동을 하지 않으면 허리 수술을 해야 할 수도 있기 때문에 더 열심히 하는 것인지도 모른다. 가끔 TV에서 건강 다큐멘터리를 보면 한번 아팠던 사람들이 어떤 계기로 운동을 시작한다. 운동을 시작하고 몸이 좋아지는 것을 느끼고 나면 건강을 회복하고 나서도 하루도 빠지지 않고 운동을 계속 이어간다.

나 또한 조금만 움직이면 허리에 통증이 왔고 남들보다 빨리 피로해지고 쉽게 지쳤다. 그럼에도 활동적인 성향으로 뭐든 적극적으로 임하다 보니 늘 체력은 바닥이었다. 낮에는 열심히 일하고 밤에는 녹초가 되었고 주말 산행을 누구보다 즐기면서도 집에 오면 쓰러져 잠들기 일쑤였다. 여행 중에도 빨리 피로해져 정작 여행의 즐거움보다 피곤함에 힘이 들었다.

그러던 내가 변했다. 5년 전 척추관협착증과 오른쪽 다리와 발끝 저림으로 수술을 권유받았다. 수술 날짜를 잡기 전에 1년만 뭐라도 해보자는 생각에 수술보다 운동을 택했다. 그날로 다니던 회사도 그만두고 몸에 집중하기로 했다. 결혼 후 계속 일을 해왔지만 오로지 나를 위한 시간이 필요했음을 새삼 깨달았다. 그렇게 시작된 운동이 하나씩 늘어나면서 지금은 운동을 안 할 수 없는 마니아가 되었다. 나 역시 계기가 없었다면 적당히 운동하고 적당히 아프면서 몸을 탓하고 인생을 한탄하며 지내고 있었을 것이다.

지금은 운동하는 날보다 하지 않은 날 몸이 더 뻐근하고 가라앉는 느낌을 받는다. 그러다 운동을 하고 나면 몸이 더 유연해지는 걸 느낀다. 평소 운동을 좋아해서 수영이나 걷기, 등산 등 여러 유산소 운동을 많이 해봤지만 운동할 때뿐이지 근력이 붙는다고 느끼지는 못했다. 운동을 하고 나면 항상 피곤하고 지쳤다. 그러다 재작년부터 시작한 플랭크로 근력 운동에 관심을 가지게 되었다. 우연히 TV에서 플랭크를 7분 동안 하면서 건강을 유지한다는 70대 할아버지를 보며 나도 한번 해봐야겠다는 생각으로 플랭크를 시작했다. 처음 시작은 30초도 힘들었다. 그렇게 운동을 하는데도 플랭크 1분을 못 버틴다는 게 믿을 수가 없었다. 나이가 들수록 꼭 필요한 것이 근력이라고 한다. 중년 이후의 건강한 삶을 유지하기 위해서는 유산소 운동도 좋지만, 꼭 근력 운동을 해야 한다는 의사 선생님들의 권유도 이 때문일 것이다.

플랭크로 시작한 근력 운동은 근력 운동 3종 세트가 되었다. 플랭크는 자세를 잡고 5분을 유지하며 푸시업은 20회씩 2세트를 한다.

오십의 태도

스쿼트는 100개씩 3세트를 한다. 유산소 운동을 하고 느끼지 못했던 몸의 변화가 근력 운동을 하면서 느껴졌다. 근육에 힘이 붙는 느낌이다. 점차 몸에 관심을 가지게 되고 운동으로 변화를 느낀 뒤부터는 누가 뭐라 해도 운동을 한다. 요즘은 근력이 생겨 산에 오를 때도 덜 힘들고 많이 걷는 날도 덜 피곤하다. 물론 여행도 더 즐겁다.

예전의 나를 모르는 사람들은 체력이 참 좋다면서 원래 건강했냐고 묻는다. 운동을 시작할 때만 해도 내 체력은 바닥이었다. 무릎에서 소리가 나고 스쿼트 자세도 불안정하고 하고 나면 무릎이 아플 때도 많았다. 플랭크는 30초를 버티기가 힘들었고 푸시업은 3개도 하기 힘들었다. 뭐든 시작은 다 그렇다. 근력 운동을 하고 나서도 아프면 며칠을 쉬기도 했다. 정말 쉽게 할 수 있는 개수를 매일 꾸준히 하다 보니 자연스럽게 시간도 횟수도 늘어났다. 지금은 다리와 복근에 근력이 생겼다는 것을 스스로 느낀다. 왜 나이가 들수록 근력 운동을 해야 하는지 몸이 먼저 느낀다.

《마흔에 읽는 쇼펜하우어》에 따르면, 행복의 90퍼센트는 건강에 좌우된다고 한다. 같은 상황에서도 건강한 사람과 아픈 사람은 생각이 다르다는 것이다. 우리의 행복이 90퍼센트나 건강에 의해 좌우된다면 모든 즐거움의 원천인 건강을 관리하는 데 온 힘을 쏟아야 한다. 우리를 가장 행복하게 하는 요인은 명랑한 마음이며 그 명랑한 마음은 돈이나 명예가 아니라 건강에 좌우된다. 따라서 바깥에서 좋은 것을 찾지 말고 자신의 건강을 지키고 유지하는 데부터 힘을 써야 한다. 그것은 운동으로 만들어진다.

　　나 역시 처음에는 근력 운동이 너무 힘들었지만, 지금은 근력 운동을 너무 사랑하게 되었다. 어디에서나 할 마음만 있으면 할 수 있다는 것이 근력 운동의 장점이다. 벽에 대고 푸시업을 가볍게 시도할 수도 있고 화장실에서 간단한 스쿼트 몇 개라도 할 수 있다. 유튜브를 보거나 음악을 들으면서 플랭크를 해도 된다. 100세 시대를 살아가는데 건강은 이제 중요한 항목이 되었다. 적당히 내 몸과 타협하지 않고 주도적으로 운동을 하는 나에게 갱년기는 그저 쉽게 지나가는 바람이 되기를 간절히 바라본다.

경험에는
공짜가
없다

2년이 넘도록 매일 운동 루틴을 실행했지만 책 쓰기 프로젝트의 과중함으로 한 달 정도를 쉬었다. 그러다 다시 운동을 시작하면서 루틴의 중요성을 느꼈지만 휴식의 중요성도 느꼈다. 우리는 대개 어떤 것을 하면서 '나는 지금 이것을 해도 괜찮아'라고 생각할 때가 많다. 운동도 그렇다. 2년 동안 하던 운동 루틴을 하지 않으면서도 근력 운동을 틈틈이 하고 있으니 괜찮다고 생각했는데 안 괜찮다는 것을 몸이 먼저 말해준다.

한 달 동안 그만두었던 홈트를 다시 시작하고 저녁에 근육통이 왔다. 어깨와 종아리가 당기고 온몸이 뻐근했다. '아니, 매일 근력 운동을 하는데도 몸이 이렇게 뻐근하다고?' 잠시 내 몸에 투정 아닌 투정을 부린다. 매일 하는 근력 운동은 시간 날 때 틈틈이 하는 거라 이

오십의 태도

제는 적응이 돼서 힘들이지 않고 할 수 있다. 그런데 홈트는 1시간을 쉼 없이 해야 하는 덤벨 운동이라 몸에서 쓰는 근육 자체가 다르니 근육통은 당연한 거 아닌가? 다시 운동을 하려니 근육의 피로감이 전해진다. 그럴수록 마음을 다잡아야 한다는 생각에 아침 식사 후 운동복을 입고 글을 쓴다. 마음이 해이해질까 봐 미리 준비를 하는 것이다. 그래야 뭐라도 한다는 것을 알기 때문이다.

　나는 처음 직장 생활을 시작할 때부터 마흔일곱에 직장을 그만둘 때까지 많이 배우고 다양한 직업을 경험했다. 많은 직업을 경험하기까지 배움은 늘 필요했다. 28년 전 대기업을 다닐 때도 직장을 다니면서 학교에 다녔다. 식품영양학을 전공했기에 한식조리사 자격증 공부를 했고 영양사에 도전하고 싶었다. 하지만 결혼과 교통사고, 출산 등의 상황으로 좋은 결과를 얻지 못했다. 내 인생에서 시험에 도전해 마무리하지 못한 일은 한식조리사가 유일하다. 이후 요리학원에서 요리도 배우고 다시 한식조리사에 도전할까 생각도 했지만, 그때는 이미 다른 것에 흥미를 느끼고 있어 한식조리사는 마음에서 내려놨다. 꽃꽂이를 배울 때는 남들은 힘들어서 안 한다는 화환꽂이를 배워서 직접 꽂기도 하고, 사무직을 할 때는 워드며 엑셀 자격증을 땄다. 어린이집에 다닐 때는 수원에서 서울까지 가서 풍선아트, 종이접기, 아동미술심리, 구연동화, 리본아트 등 역량을 키울 수 있는 것들을 배워서 자격증을 땄다. 어린이집을 다니면서 사회복지를 공부하고 사회복지를 공부하면서 덤으로 요양보호사 자격증까지 땄다.

매번 새로운 직업을 선택하며 무언가를 배우고 도전하고 다시 시작했다. 내 나이 오십이 되기 전까지는 하나의 전문성을 가진 사람이 정말 부러웠다. 나는 그렇게 열심히 살아왔는데 왜 한 가지 전문성도 없고 그 한 가지에 집중하지 못했을까를 늘 아쉬워했다. 게리 켈러의 《원씽》에서는 "당신이 할 수 있는 일 중 다른 모든 일을 제쳐두고서라도 꼭 해야 할 단 한 가지 일이 무엇입니까?"를 묻는 질문이 있다. 내 인생에서 단 한 가지를 꼽으라면 나는 무엇을 선택할까? 나는 한 것도 많고 배운 것도 많은데 딱히 내세울 커리어가 없다는 것에 늘 위축되어 자존감이 낮았다. 이런 결과는 나의 성향 때문이기도 하겠지만 끈기 부족도 있을 것이다. 그리고 당시의 상황도 영향을 미쳤을 것이다. 그때는 내세울 커리어도 없고 이것저것 경험만 쌓고 결국 결과는 없다는 생각에 답답한 마음이 들었다. 그런데 오십이 되고 보니 그 수많은 경험은 다 공짜가 아니라는 것을 새삼 느낀다.

경험에는 공짜가 없다. 나는 특별히 잘하는 것도 없지만 그렇다고 못 하는 것도 없다. 친구들과 가족들 반응도 긍정적이다. 내가 무언가를 새로 시작하면서 "나 이거 해보려고"라고 말하면 주변 반응이 하나같이 똑같다. 나는 반신반의하는 마음으로 얘기를 꺼냈는데 듣는 사람들은 "그래, 너 그거 잘할 것 같아" "잘했네. 너 잘할 거야"라는 반응이다. "네가 무슨 그런 걸 해?" "그건 네 전공이 아니잖아" "에이, 그거 아무나 하는 거 아니야"라는 말이 돌아올 줄 알았는데 의외의 반응이 돌아온다. 가끔은 주변 반응이 나보다 더 적극적일 때가 있어서

오십의 태도

'뭐지 이 반응은? 그냥 하는 소리인가?'라는 생각이 들 때도 있다. 어쨌든 주변의 반응은 나의 자존감을 높여준다. 무엇 하나 내세울 커리어도 없고 큰 결과가 남지도 않았지만 나를 가까이에서 보는 친구들과 가족들의 인정 하나면 나는 자존감이 높은 사람이 된다.

그때마다 필요하다고 생각해서 배운 경험이 당시에는 크게 도움이 되지 않았을지라도 오십을 먹고 되돌아보니 그 경험이 곧 나였다. 어떤 것을 시작하고 그것을 계속할 수 있는 힘에는 자신만의 내적 동기가 필요하다. 그런 내적 동기가 탄탄할수록 지속적으로 할 수 있는 힘이 커진다. 어찌 보면 이런 경험의 다양성이 나에게 내적 동기를 준다는 생각이 든다. 그동안 내가 시간을 통제하지 못할 때는 내적 동기가 제 역할을 하지 못하다가 온전히 내 시간을 통제하고부터 내적 동기가 더 힘을 발하고 있다고 믿는다.

운동도 한 가지만 계속하면 그쪽 방면에 전문가가 될 수 있다. 그것도 좋지만 다양하게 경험한 사람일수록 받아들일 수 있는 도전과 용기의 폭도 넓어진다는 생각을 해본다. 나는 수영을 4년 정도 배우면서 철인 3종 경기를 버킷리스트에 추가했다. 러닝을 뛰면서 마라톤 10킬로미터를 뛰었고 하프를 뛸 용기가 생겼다. 꽃꽂이를 배우면서 식물 키우기, 다육식물 관리, 화분 갈이까지 두루 배워 직업을 가졌고, 두 달 동안 요가를 배우면서 요가는 잘 안 맞는 것 같지만 명상은 하고 싶은 마음이 생겼다. 집 정리를 하면서 정리 수납 전문가의 꿈을 키우기도 했고 지금은 책을 읽고 글을 쓰며 작가의 꿈을 키운다.

이런 경험은 지금의 나에게 영감을 주고 좋은 글을 쓰는 원천이 된다. 경험에는 공짜가 없으니, 지금도 나는 경험을 하는 데 인색하지 않다.

지금도 또 다른 무엇인가를 시작할 수도 있다. 하다가 아니면 다른 걸 배우고 또 어떤 결과를 얻지 못할 수도 있다. 그래도 괜찮다. 미국의 소설가 아이작 마리온은 "좋은 것이든 나쁜 것이든 모든 경험은 수집가의 귀중한 아이템이다"라고 말하지 않았는가? 모든 경험은 나를 성장시키고 있음을 알기에 배움과 노력, 경험의 다양성이 좋다. 사람들은 대체로 자기만의 선택과 결정으로 살아간다. 여기에 옳고 그름은 없다. 각자가 느끼는 성공과 행복이 다를 뿐이다.

경험을 얻기 위해서는 대가를 치러야 한다. 시간과 비용, 노력을 투자해야 한다. 어떤 것을 시작하고 경험을 얻고 그것이 자신을 성장시키는 과정은 실수와 시행착오를 겪으며 반복해야 배우게 된다. 단순히 재정적인 비용만 투자한다고 얻어지지 않으며 시간과 에너지를 소비하는 노력이 필요하다. 그래서 경험을 쌓기 위해서는 충분한 시간과 하루하루의 작은 노력, 지속적인 실천이 필요하다. 그리고 경험을 얻는 과정에서 실패는 불가피하다. 실패는 종종 고통과 좌절감을 주지만 또 그 과정을 통해 성장하고 배우게 된다. 경험을 얻는 과정에서의 실패는 당연하다고 생각하고 실패를 두려워하지 않고 경험을 쌓는 도전을 해야 경험에 의한 성장과 발전의 기회까지 얻을 수 있다.

오십의 태도

기분
좋아지는
것들

오랜만에 형제들이 모여 이런저런 얘기를 나누었다. 이제 중년에 접어든 형제들의 이야기는 무엇으로 시작했든 끝은 건강과 운동이다. 한참 이야기를 나누다가 남동생이 말했다.

"그런데 누나, 나는 진짜 누나가 그럴 줄 몰랐다. 누나가 그런 옷을 입고 운동을 한다고?"

"어떤 옷? 레깅스? 그게 왜?"

뭐가 문제인지 모르겠다는 내 표정을 보며 오빠도 말을 거든다.

"동생, 그건 나도 별로야. 보기 민망해서 꼴불견이야. 무슨 운동을 보여주려고 하는 것도 아니고, 그렇게 딱 달라붙는 옷 입고 운동하면 안 불편해? 보는 사람이 다 민망해."

이야기가 진행될수록 형제들의 생각은 하나로 모였다.

오십의 태도

"왜? 뭐가 어때서. 정작 입는 사람은 문제가 없는데 보는 사람들이 난리야. 입는 사람은 편해서 입는 거야. 아무리 예뻐도 운동할 때 불편하면 못 입지."

똑같은 것을 보고도 누구는 아무렇지 않은가 하면 누구는 싫다고 한다. 어떤 부분에 대해 모든 사람을 이해시키려고 한다는 것은 애당초 불가능한 일이다. 그것이 사회에 손해를 끼치거나 누군가에게 피해를 주는 일이 아니라면 굳이 해명하려고 노력하지 않아도 될 일이다. 그런 의미로 보면 무슨 옷을 입고 운동을 하든 그건 신경 쓸 일이 아니라는 것이다.

처음부터 운동하면서 레깅스와 스포츠브라를 입었던 것은 아니다. 나 역시 노출이 있는 스포츠브라와 딱 달라붙는 레깅스에 반감이 들 때가 있었다. 그러나 그건 내가 운동하는 사람이 아니고 보는 입장이기에 할 수 있는 얘기라는 걸 지금은 안다. 하루하루 운동에 진심이 되고 꾸준히 해오면서 몸이 바뀌는 경험을 했다. 특별히 트레이닝을 받거나 근육을 만들면서 관리도 하지 않았으니 지극히 스스로의 만족이라 할 수 있다. 그동안 한 번도 느끼지 못한 근육의 단단함과 복근이 눈에 들어오면서 차츰 노출하는 게 즐거워졌다. 레깅스를 입고 운동하는 것은 꼭 보여주기 위함이 아니라 일종의 자신감도 있다.

중년의 몸은 신기하게도 며칠만 운동을 안 하면 금방 복부에 살이 차오른다. 복부의 살은 감추면 계속 감추게 되고 들춰내면 어떻게든 지키려고 노력한다는 걸 알았다. 그리고 그것을 지키려는 노력의 결과가 바로 자신의 몸이다.

　언제부터인가 운동할 때 옷을 챙겨 입으면 나도 모르게 기분이 좋아진다. 기분이 가라앉았다가도 운동복으로 갈아입으면 없던 기운도 생긴다. 똑같은 운동을 해도 운동복을 갖춰 입고 할 때와 그냥 편한 복장으로 할 때는 기분이 다르다. 각자 자신의 기분을 상승시켜 줄 수 있는 자신만의 무기가 있겠지만 기분을 변화시킬 수 있는 것이 무엇인지 안다는 것만으로도 하루를 기분 좋게 보낼 수 있는 확률은 높아진다. 누군가가 이해하지 못하는 부분을 설명하고 이해시키려고 할 게 아니라 그 사람은 그렇게 생각할 수 있겠다 하고 받아들이면 무슨 얘기를 들어도 문제가 되지 않는다. 그것이 나의 기분을 상승시키는 것이라면 더더욱 그렇다.

　우리를 기분 좋게 만드는 것은 많다. 맛있는 음식, 좋아하는 영화, 마음에 드는 옷, 열정적인 춤, 숲속 걷기 등 나를 기분 좋게 만드는 것은 분명히 있다. 아직 찾지 못했거나 알지 못할 수는 있어도 누구나 자신의 기분을 좋게 만드는 것 하나쯤은 있다. 가장 중요한 것은 자신이 무엇을 했을 때 기분이 좋아지는지 알아야 한다는 것이다. 우리는 각자 다르다. 누군가에게 도움이 되고 기분 좋은 일이 누군가에게는 짜증을 불러오는 일이 될 수도 있고 누군가에게는 스트레스처럼 느껴지지만 또 누군가에게는 힐링이 되기도 한다.

　나는 날씨의 영향을 많이 받는 사람이다. 기분이 좋다가도 날씨가 흐리거나 비가 오면 기분이 좋지 않고 의욕이 없어진다. 혼자 있을 때 날씨가 흐리면 특히 더 그렇다. 그래서 미리 노력을 기울인다. 아침에 비가 올 기미가 보이고 몸이 찌뿌둥하면 식사하고 바로 운동복으로 갈아입는다. 신기하게도 운동복을 입고 나면 기분이 나아진다. 잠깐 나태해지려는 마음을 "넌 할 수 있어"라고 북돋아주는 것 같다.

주말 오전, 간단한 집안일을 마치고 아버님 저녁을 챙겨드리러 시댁을 가기로 하고 남편과 각자의 시간을 보내고 있었다. 그런데 아침부터 컨디션 난조다. 기분은 안 좋다고 생각하는 순간부터 더 안 좋은 상황으로 자꾸 몰아간다. 가라앉은 기분을 무엇으로 바꿀까 생각하다가 갑자기 노래를 듣자는 생각이 들었다. 평소 큰딸이 코요테 노래를 들으면 신나서 따라 부르게 된다는 말이 떠올라 코요테 음악을 틀고 볼륨을 높였다. 한 곡이 끝나기도 전에 '기분 나쁠 일도 없는데 왜 이러고 있지'라는 생각이 들었다. 순간 이 기분을 이겨내보자는 생각에 불현듯 뛰고 싶어졌다. 간단한 러닝복을 입고 이어폰을 귀에 꽂고 러닝화를 신었다. 간단한 준비운동 후 가볍게 뛰기 시작한 러닝으로 금세 땀이 줄줄 흘렀다.

줄줄 흐르는 땀 때문이었을까? 가라앉은 기분은 언제 그랬냐는 듯 좋아지고 있었다. 자연을 만끽하며 달린 잠깐의 러닝은 몸과 마음을 바꾸는 데 충분했다. 그 기분을 유지하기 위해 평소와는 다르게 샤워할 때도 코요테 노래를 크게 틀어놓고 따라 부르며 샤워를 마쳤다. 아침에 안 좋았던 기분은 온데간데없이 사라지고 뭐라도 할 수 있는 기분으로 바뀌었다. 기분은 자신이 의도하고 바꾸려고 노력하는 순간

바꿀 수 있다. 자신의 기분에 매몰되지 않고 어떻게 하면 지금의 기분이 나아질 수 있는지 생각하고 행동으로 옮겨야 한다.

기분이 좋아지는 방법은 다양하다. 즐길 수만 있다면 운동은 신체와 마음에 모두 좋은 방법이다. 가벼운 산책이나 러닝, 헬스, 요가 등 다양한 운동이 기분을 좋게 만들 수도 있다. 건강한 음식을 섭취하며 건강한 식사를 하는 것도 도움이 된다. 좋아하는 취미 활동으로 시간을 보내는 것도 좋다. 독서나 그림 그리기, 악기 배우기, 음악 듣기 등 자신의 취향에 맞는 취미 활동은 지루한 일상에 활력을 준다. 때로는 친구와 수다를 떨거나 가족과 긍정적인 대화를 나누며 함께 시간을 보내는 것도 좋다. 깊은 명상과 호흡은 스트레스를 줄이며 마음에 안정을 주기도 한다.

자신이 무엇을 할 때 기분이 좋고, 무엇을 할 때 기분이 울적한지 내면을 들여다봐야 기분도 컨트롤할 수 있다. 각자 기분 좋아지는 것 하나쯤 장착하고 하루를 맞이하면 더 활기차게 자신감 넘치는 하루를 살아가게 되지 않을까?

오십의 태도

나를 기분 좋게 만드는 것들 적어보기

• 향긋한 차 한잔 마시며 하늘을 바라볼 때

• 신나는 노래 틀어놓고 샤워할 때

• 좋은 친구와 기분 좋은 전화

• 텃밭 작물 키우며 흙 만질 때

• 반려견 탄이와 축구놀이나 산책할 때

• 차에서 음악 볼륨을 키우고 한적한 곳을 드라이브할 때

• 자전거 타면서 얼굴에 닿는 바람을 느낄 때

• 수영 후 마시는 시원한 맥주 한잔

• 좋은 책을 읽고 마음에 와닿는 글을 찾았을 때

• 날을 정해서 하는 집 안 청소

인생에
한 번쯤은
용기를 내보자

살아가면서 자신만의 목표에 용기를 내고 도전해 승리해 본 적이 있는가? 결혼을 하고 아이를 낳고 한 가정의 구성원으로 살아가면서 엄마로 아내로 살았지만 정작 나를 위해 용기를 냈던 적이 있었나 생각해 보면 고개를 가로젓게 된다. 나름의 의무와 책임을 다하느라 고군분투하며 힘든 시기를 보냈고 그렇게 오십이 되었다. 오십은 어느 정도 여유를 느낄 수 있는 나이다. 아이들이 성장하면서 자녀에 대한 의무와 책임으로부터 조금은 자유로워지고 경제적으로도 안정을 느낄 때다. 오십의 나이가 되면서 나를 위해 새로운 경험에 하나씩 도전해 본다.

2023년 1월 1일에는 대천 해수욕장에서 새벽 6시에 혼자 마라톤을 뛰었다. 2022년을 마무리하며 남편 친구들과 부부 동반 모임으로 간 곳이다. 이곳에서 새롭게 새해를 맞이하고 싶은 마음에 마라톤을 뛸 계획을 세웠다. 결혼 후 지금까지 함께한 모임이라 즐거운 여행을 기대하면서도 한편으로는 나만의 특별한 의식을 하고 싶었다. 2022년은 나에게 있어 특별한 한 해였다. 모든 것이 바뀌었고 마음 역시 이전과는 달랐다. 1년 동안 열심히 살아온 나에게, 그리고 새로운 시작을 알리는 새해 첫날에 무언가를 하고 싶었다. 일행들에게 피해를 주지 않고 혼자 할 수 있는 게 뭘까 생각하다가 마라톤을 해야겠다는 생각이 들었다. 편한 운동복과 운동화를 챙기고 여행을 갔다. 다이어리에도 '1월 1일 아침 6시 마라톤'이라고 목표를 적고 '반드시 할 것'이라고 썼다.

그러나 계획은 늘 순탄치 않다. 연말이고 부부 동반 모임이니 얼마나 즐거운가? 오랜만에 만나니 분위기도 좋고 술 한잔이 두 잔이 되고 이야기가 저녁 늦게까지 이어졌다. 나는 계획이 틀어질까 봐 미리 일행들에게 알렸다. "저 내일 아침 6시에 해변에서 마라톤을 뛸 계획이에요." 말하고 나니 더 걱정되었다. 따로 행동하기가 좀 그랬지만, 새해 첫날의 계획이라 포기하고 싶지 않았다. 나의 계획에 친구 와이프들은 미쳤다는 반응이고 남편 친구들은 함께 뛰어주겠노라고 했다. 물론 믿지 않았지만, 평소 마라톤을 좋아하는 남편 친구들이 있어 내심 기대를 했다. 가장 큰 목표는 나와의 약속이지만 스스로 지키지 못할까 봐 미리 선포를 해놓은 것이었다.

아침 5시 30분 기상 알람이 울렸다. 어젯밤 조금의 기대를 했기에 주변을 살폈다. 아무도 일어나지 않은 고요만이 흐른다. 저녁에 미리 준비해 둔 운동복으로 갈아입고 창밖을 보니 새해 아침의 찬 바람이 매섭고 춥다. 어둠은 짙게 깔려 있고 낯선 거리에는 지나가는 사람도 없다. 목표를 달성하기 위해 이 어둠을 뚫고 나가야 할까를 수십 번은 고민했다. '다시 누워서 잘까? 어떡하지. 무서운데. 왜 아무도 안 다니는 거야?' 남편을 깨울까도 생각했지만 애초에 자기는 뛰지 않겠노라고 얘기하며 알아서 하라고 말했기에 깨울 수도 없었다. '그냥 가지 말까? 아니야, 어떻게 맘먹고 세운 계획인데. 그런데 진짜 무섭다. 어쩌지.' 어두운 창밖을 보며 고민은 30분 동안 이어졌다. 어둠의 공포를 이겨낼 것인지, 아니면 이대로 주저앉을 것인지. 숨을 크게 몰아쉬었다. 세 번 숨을 쉬고 나니 조금은 나아졌다. '뭐 죽기야 하겠어. 일단 나가보자.' 펜션 문을 열고 발을 떼니 겨울 바닷가 찬 바람이 얼굴을 때렸다. 옷깃 사이로 추위가 느껴졌다. 마라톤을 뛰어야 하니 옷을 두껍게 입을 수가 없었다. 또 한 번 갈등이 생겼다. 이 추위에 무엇을 위해 마라톤을 하는 걸까? 이걸 안 한다고 문제 될 것도 없는데.

주위를 살폈지만 아무도 없었다. 그저 황량한 바람만 매서울 뿐이다. 잠깐 고민하다가 어떻게 나왔는데 하며 앞에 보이는 해변도로까지 갔다. 몸은 떨리고 무서웠지만 우선 해변도로까지 가는 데 성공했다. '지금이라도 돌아갈까?' 복잡한 마음은 계속됐지만 새해 첫날의 목표를 허망하게 끝내고 싶지는 않았다. 마음을 다잡고 뛰기 시작했다. 해변도로 중간쯤에서 시작해 오른쪽으로 뛰었다. '그래 일단 보이는 곳까지만 가보자.' 그런데 아무것도 없다. 어둠만 있을 뿐이다. 고요 속에 흠칫 놀라기도 하고 굽은 해변도로에서 무언가 튀어나올 것 같은 무서움에 제대로 뛰지도 못했다. 그렇게 오른쪽 해변도로 끝까지 달렸다. 해변도로의 끝을 찍고 돌아오는 길은 그래도 한번 뛰었던 길이라고 생각보다 편해졌다. 조금 속도를 내서 뛰고 보니 마라톤 시작점에 다시 왔다. 그리고 또 한 번의 갈등이 밀려왔다.

'이쯤 했으면 됐다. 어쨌든 뛰었으니 이제 들어갈까?' 잠깐 생각했지만 몸은 계속 달리고 있었다. 이 해변도로를 다 돌기로 했으니 무서워도 끝까지 가보자. 그렇게 남은 왼쪽 해변도로를 마저 뛰었다. 시간은 흐르고 왼쪽 해변도로를 끝까지 뛰고 돌아올 때쯤 사람들이 하나둘 보이기 시작했다. 잔뜩 움츠린 몸으로 롱패딩을 입고 무장을 한 사람들이 나를 쳐다본다. 왼쪽 해안도로 끝을 찍고 다시 시작점에 왔을 때는 많은 사람으로 더 이상 뛸 수가 없었다. 새해 첫날 아침, 날씨가 흐려 해를 바로 볼 수 없었다. 마라톤을 마치고 걸어오면서 건물 사이로 빼꼼히 나오는 해를 마주했다.

'오늘 목표를 이뤘다. 나만의 용기를 냈고 그 용기에서 승리했다.' 나만의 목표를 이룬 2023년은 나에게 있어 최고의 한 해였다. 지금도 그날의 용기를 회상한다. 넬슨 만델라는 두려움을 느끼는 것이 자연스러운 인간의 감정임을 인정했다. 용기란 두려움이 아예 없어서 겁내지 않는 상태가 아니라, 두려움을 느끼면서도 그 두려움을 극복하고 나아가는 힘이라고 했다. 두려움을 정복한다는 것은 두려움을 완전히 없애는 것이 아니라 두려움이 행동을 방해하지 않도록 하는 것이다. 두려움을 느끼되, 그 두려움이 우리의 선택과 행동을 제한하지 않도록 마음을 다잡는 것이다.

나는 용기와 맞섰고 도전에 가슴이 뛰었다. 그리고 힘든 일이 있을 때면 그날의 용기를 생각한다. 두려움은 나의 생각일 뿐이다. 살아가면서 자신을 이기는 용기를 몇 번이나 내보았는가? 나는 두려움에 빠져 안전과 편안함을 추구하며 타협했다. 남편의 그늘에서 살려고도 했고 불안전한 도전은 피하고 싶었다. 오십이 되면서 나 자신을 이겨낼 용기를 냈다. 그날의 용기는 분명 내가 살아가는 데 두려움을 이겨낼 무기가 되어줄 것이다. 지금도 작은 도전에도 여전히 가슴이 두근거리지만 그럼에 불구하고 나를 이겨낼 것을 안다. 지금까지는 내가 아닌 엄마로, 아내로 용기를 냈다면 이제는 나 자신을 위해 용기를 내어 한 발짝 나아가본다.

모든 변화에는
고통이
따른다

가끔 나의 변화를 확인하기 위해 블로그에 썼던 글을 다시 보곤 한다. 2023년 9월 18일 블로그에 쓴 '3분의 기적'과 2024년 4월 9일 블로그에 쓴 '인간의 한계는 어디까지 갈 수 있을까?'를 읽으며 내 인생은 분명 좋은 방향으로 성장하고 있다고 생각했다.

2023년 9월 18일 블로그에 쓴 글이다.

"나에게는 3분의 기적이 있다. 매일 아침 나의 3분을 마주하며 나는 많은 것을 생각하고 느낀다. 3분에 할 수 있는 것은 너무 많다. 3분은 너무 짧다고 생각할 수도 있다. 그러나 나의 3분은 결코 짧지 않다. 3분에 느낄 수 있는 감정은 여러 가지이며 제각각 다를 것이다. 사랑하는 사람과의 3분의 키스, 달콤하고 시원한 아이스크림을 먹는 3분의 행복, 소파에 누워 보는 3분의 TV, 친구들과 즐거운 놀이나 수

다를 떠는 3분의 즐거움, 막 집중하고 있는 게임의 3분, 출산 임박! 아이 머리가 보일까 말까 한 긴박한 3분. 3분 안에는 말로 다 표현하지 못할 다양한 감정이 있다.

나는 매일 아침 나만의 3분을 만나면서 많은 생각과 번뇌를 느낀다. 과연 이 3분은 나에게 어떤 의미가 있을까? 플랭크 루틴을 시작한 지 어느덧 1년이 되었다. 지금은 플랭크 3분을 하고 있으나 정작 처음에는 30초도 하기가 힘들었다. 온몸에 경련이 일어나고 참기 힘든 고통이 몰려온다. 30초를 겨우 버티고 나서 생각한다. 30초는 시간으로조차 인정하기 민망한 시간이다. 그 짧은 시간이 하찮기만 하다. 30초가 뭐라고 이걸 못 버티고 이리 힘들어하며 포기할까? 도대체 이 힘든 운동은 누가 만들었을까? 다른 운동을 안 하는 것도 아닌데 왜 이 30초를 버티기가 힘들까? 그 짧은 시간을 하면서도 매일 자신과 싸워야 했다.

하루 또 하루, 또 하루 30초를 마주한 지 일주일째에는 겨우 1분, 또 하루 1분 20초, 또 하루 1분, 그렇게 마주한 시간이 1년이 지난 지금 플랭크 3분 루틴이 생겼다. 물론 어느 날은 5분의 기적을 만나기도 한다. 지금도 매일 아침 3분의 기적을 만난다. 이 3분은 나의 하루에 힘찬 의욕을 준다. 하루 3분이 뭐라고 그럴까 싶지만 3분의 기적을 만나고 나면 나는 무엇이든 할 수 있는 사람으로 거듭난다. 이렇게 작은 행동, 작은 3분의 기적이 모여 하루가 되고 삶이 된다. 인생의 절반쯤 와서야 새로운 인생을 조금씩 맛보고 느끼고 있다. 나에게는 3분의 기적이 있기에 나의 앞날 나의 인생은 맑음이다."

이날 썼던 글을 읽으면서 그날의 감정과 생각을 다시 느낄 수 있었다. 힘들어하면서도 의욕이 넘치는 나를 본다.

2024년 4월 9일 블로그에 쓴 글이다.

"인간의 한계는 어디까지일까? 진짜 안 된다고 생각해서 안 되는 걸까? 매일 플랭크를 한 지 벌써 2년이 되어간다. 평소 플랭크를 해서인지 며칠 전 읽은 기사에 관심이 간다. 캐나다에서 58세 여성이 4시간 30분 11초라는 기록으로 여성 플랭크 기네스북에 올랐다고 한다. 플랭크를 하면서 책을 본다고? 실로 놀라울 따름이다. 플랭크를 해본 사람은 이 말이 무슨 말인지 알 것이다. 평소 3분만 해도 몸이 바들바들 떨리기 시작한다. 처음 플랭크를 시작할 때는 30초도 버티기 힘들었다. 그렇게 시작한 플랭크를 하루도 빠지지 않고 실행한 결과 지금은 5분 정도 하는데 어떻게 4시간 동안 책을 읽으면서 플랭크를 할 수 있을까? 물론 그러니까 기네스북에 올랐겠지만 정말 인간의 가능성은 어디까지일까를 생각하게 하는 기사였다.

《결국 해내는 사람들의 원칙》에서 소개한 '1마일의 4분대 벽'을 넘은 육상선수 로저 배니스터의 일화도 인간의 한계에 대해서 다시 생각하게 하는 글이었다. 1954년 영국 의대생 로저 배니스터는 유럽 육상 선수권 대회 1마일 종목에서 3분 59초 4의 기록으로 결승점을 통과하며 세계 최초로 마의 4분 벽을 깼다. 당시 사람들은 인간이 1마일을 4분 안에 뛰는 것은 물리적으로 불가능하다고 믿었다. 배니스터는 훈련을 하면서 1마일을 4분 안에 주파하는 자신의 모습을 반복적으로 상상했다. 그는 하도 많이 상상해서 자기가 이미 '인간의 한계'를 깬 것처럼 느낀 순간도 있었다고 했다. 그의 상상은 인식의 선을 넘어 현실의 지각 영역으로 들어갔다. 배니스터는 1마일을 4분 안에 달리는 것이 결코 불가능하지 않다고 믿었고 마침내 그 한계를 넘었다. 더 놀라운 것은 이후의 일이었다. 배니스터가 4분 벽을 깬 지 불과 1년여 만에 4분 벽을 깨는 선수가 수십 명으로 늘었다. 4분은 실질적 한계가 아니라 심리적 장벽이었다는 내용이었다.

며칠 전 기사를 봐서인지 갑자기 플랭크를 하다가 더 버텨볼까 싶었다. 그렇게 매일 하던 5분의 시간이 지나자 바들바들 떨리기 시작했지만 7분을 버티고 플랭크가 끝났다. 진짜 된다고 생각하고 뇌에서 명령을 내리면 우리의 몸은 그것을 어떻게든 이겨낼 수 있게 힘을 주는 걸까? 1년 동안 나의 한계선을 그어놓고 5분을 한계라고 생각하고 버텼는데 며칠 전 읽은 기사 하나로 하루 만에 7분을 할 수 있다는 게 너무 놀라웠다. 어떤 일이든 자신의 가능성을 낮추지 않아야 한다는 것을 다시 증명하는 순간이다. 내가 될 수 있다고 믿으면 그게 뭐든 될 수 있다. 아주 작은 행동에 자신감이 생기면 두려움이 줄어들고 작은 용기가 생겨난다. 그러면 나는 되고 싶은 사람, 할 수 있는 사람이 된다."

한 번씩 블로그에 기록해 놓은 운동 기록과 그날의 생각을 다시 읽을 때면 분명 좋은 방향으로 성장하고 있음을 느낀다. 나는 운동을

오십의 태도

좋아하고 즐겨 하는 편이다. 웬만한 구기 운동은 못 하는 게 없고 수영, 마라톤, 라이딩, 등산 등 다양한 운동을 했다. 운동을 꾸준히 해왔다고 생각했는데도 플랭크는 너무 힘들었다. 솔직히 지금도 힘든 건 마찬가지다. 하나의 루틴을 꾸준히 한다는 건 쉬운 일이 아니다. 매일 자신과의 싸움에서 이겨야 하기 때문이다. 지금도 가끔 나의 한계에 부딪혀 늘 타협하려고 호시탐탐 기회를 노린다. 그럼에도 불구하고 오늘도 플랭크 5분의 기적을 만난다. 모든 변화에는 고통이 따른다.

"참 좋은데, 설명할 방법이 없네."

오래전 산수유 광고로 대박이 난 천호식품 김영식 회장이 했던 말이다. 이 광고는 당시 인기가 엄청났다. 이 광고에 많은 사람이 열광했던 이유는 무엇이었을까? 아마도 솔직함과 진실성 아니었을까? 정말 좋은 걸 아는데 어떻게 설명해야 그 효능을 알릴 수 있을까 고민한 광고가 인정받은 것이다. '정말 좋은데 설명할 방법이 없네'는 요즘 내가 하는 생각이다. 가끔 친구들을 만나거나 지인들을 만나면 예전 같지 않은 몸 상태로 걱정하는 일이 많아졌다. 근력은 줄어들고 복부의 살은 늘어나고 체력은 바닥이라 조금만 움직여도 힘이 든다는 얘기다. 거기다 수시로 찾아오는 갱년기 증상은 말로 설명하지 않아도 힘든 시기임을 알 수 있다. 나 역시 아픈 몸을 이끌며 버텼지만 중년으로 접어들며 더 이상 버티지 못하고 문제가 생기지 않았던가? 오십 이후 중년의 몸은 지금까지와는 다른 상황으로 전개된다는 것을 몸소 느꼈다.

얼마 전 친구들과 모임을 하고 와서 큰딸과 이야기를 나눴다. "엄마가 근력 운동하고 나서 몸이 진짜 좋아졌잖아. 그래서 친구들한 테도 근력 운동을 추천하고 싶은데 이게 듣기 싫은 소리가 될까 봐 말하는 게 좀 그래"라고 말했다. 큰딸은 "엄마! 그거 몰라서 안 하는 거 아니야. 다 아는데 못하는 거지"라고 한다. 맞다. 다 아는 말이지만 그래도 좋은 걸 얘기해 주고 싶은 마음이라면 너무 오지랖일까? "정말 좋은데 설명할 방법이 없네"는 이래서 나오는 말인가 보다.

평소 운동 루틴을 꾸준히 하는 나를 보며 친구들은 말한다. "너 참 대단하다. 어떻게 그렇게 꾸준히 운동하니. 그것도 혼자서 매일!" 내 대답은 항상 이렇다. "살려고 하는 거야. 절실하게 필요성을 느끼면 안 하고 싶어도 살려고 하게 돼." 아파본 사람은 안다. 건강하지 않은 사람은 왜 미리 건강을 챙기지 못했는지 후회하며 건강을 되찾는 데 많은 시간을 쏟는다. 아프지 않고 건강할 때 지키면 좋은 게 건강이지만, 꼭 아프고 병이 들어야 후회하고 반성하며 건강할 때보다 두세 배의 시간을 들여 회복하는 데 쓴다. "세 살 버릇 여든까지 간다"라는 속담이 있다. 건강도 마찬가지다. 50대의 생활 습관이 노후 건강을 좌우한다는 것을 모르는 사람은 없다. 문제는 알면서도 안 한다는 것이다.

뇌과학자 장동선 교수의 유튜브 〈장동선의 궁금한 뇌〉에서 세 시간 동안 쭉 앉아 있던 사람과 20분마다 일어나서 딱 1분 운동한 사람들의 혈류량과 집중력을 테스트했는데 실제로 20분마다 일어나서 딱 1분 운동하는 것만으로도 집중력이 올라가고 혈류량이 증가하고 심혈관에 좋은 효과가 있었다고 한다. 20분마다 일어나서 스쿼트 열다섯 개를 하고 다시 앉는 것만으로 효과가 있었다니 놀라운 일이다.

2023년 12월 영국 과학 학술지 〈네이처 메이슨〉에서도 평균 연령 62세의 노인 2만 5천여 명을 대상으로 하루에 1~2분이라도 운동한 그룹과 아예 운동하지 않은 그룹으로 나눠 사망률을 예측했을 때 차이가 얼마나 났는지를 연구했는데 충격적인 결과가 나왔다. 7년 동안 1~2분이라도 두세 번 정도 꾸준히 운동을 했던 그룹에서는 사망률이 거의 40퍼센트 가까이 떨어졌다고 한다. 심지어 심혈관계 질환으로 사망할 확률은 50퍼센트가 감소했다는 것이다. 하루에 한 시간 넘게 제대로 운동한 그룹과 하루 1~2분 운동한 그룹을 비교했을 때는 큰 차이가 없었다.

헬스장에 가서 제대로 운동하는 것도 좋지만 하루에 1분이라도 꾸준히 운동하기만 해도 혈당이 떨어지고 지방 분해에도 효과가 있고 근육을 키우는 데도 효과가 있다고 하니 일상의 작은 운동을 실행하지 않을 이유가 없다. 1분 운동의 효과를 들으면서 '맞아, 맞아, 운동이 진짜 좋은데 어떻게 얘기해야 주변 사람들이 이 효과를 알고 실천할까'를 생각해 본다. 물론 "너나 잘해. 나는 알아서 할 테니까"라고 하는 사람에게는 말하지 않지만, 내 운동 방법을 묻는 친구들에게는 정말 얘기해 주고 싶다. 그게 오지랖일지라도 함께 건강하게 나이 드는 게 좋으니까.

일반적으로 운동은 제대로 해야만 효과가 있다고 생각하지만 하루 잠깐의 근력 운동도 효과가 있다. 1분 운동은 운동하는 시간보다 꾸준히 하는 것이 더 중요하다. 그리고 바로 실행하는 것이 가장 중요하다. 지금 일어나서 1분 운동을 시작해 보자.

운동을 갑자기 시작하려면 몸도 마음도 실행하기가 쉽지 않다. 그럴 때는 단계별로 하나씩 접근해 보자. 처음에는 구체적인 목표가 아니라도 좋다. 일단 운동에 동기부여를 줄 수 있는 목표를 설정해 보자. 나처럼 수술을 하고 싶지 않아서일 수도 있고, 살을 빼기 위해서, 근력을 강화하기 위해서, 더 건강해지기 위해서 등 운동 목표를 세우면 그 목표가 동기부여가 된다. 그리고 자신의 건강 상태를 점검할 필요가 있다. 자신의 체력을 고려하지 않은 운동 계획은 자칫 상태를 더 안 좋게 만들 수도 있으니, 자신의 상태에 맞게 체력 안배를 하며 계획을 세워야 한다. 그리고 다양한 운동을 시도해 보는 것도 좋다.

얼마 전 주말에 집에 온 큰딸이 싱글벙글 웃는다. 운동을 그다지 좋아하지 않았던 큰딸이 몇 달 전 수영을 시작하고는 이제껏 느껴보지 못한 재미를 느끼며 운동을 즐기는 게 보였다. 운동에는 어떤 목적과 목표도 필요하지만 재미를 느끼지 못하면 오래 지속하기 힘들다. 운동을 다양하게 시도하다 보면 자신에게 맞는 것이 있고 재미가 느껴지는 순간이 있다. 그런 재미를 느끼면 운동은 하지 말라고 해도 하게 되고 그런 운동을 만나면 습관이 되고 꾸준히 할 수 있게 된다. 그리고 기록은 자신의 성장을 보여주는 좋은 동기부여를 준다. 내가 블

오십의 태도

로그에 기록한 내용을 시간이 지난 뒤 다시 보며 자신이 좋은 방향으로 성장하고 있음을 느끼듯 자신의 운동 성과를 기록하는 데 더 적극적이어야 한다.

운동은 시작도 어렵지만 진정한 필요성을 느끼고 효과를 보기 시작하면 안 하기도 어렵다. 그래서 운동하는 사람들은 더 열심히 운동하게 되고 하지 않는 사람들은 계속 안 할 핑계를 만든다. 둘 중 무엇을 선택하고 싶은가?

계획은 작게,
실행은
바로

흔히 사람들은 무언가를 시작할 때 큰 계획부터 세운다. "영어를 1년 안에 마스터할 거야." "10킬로그램을 뺄 거야." "일주일에 다섯 번 헬스장에 갈 거야." 그러나 큰 계획을 이루기까지의 과정은 쉽지 않고 목표가 막연해 보이면 중간에 포기하는 경우가 많다. 현실은 고려하지 않고 계획만 크게 세웠기 때문이다. 계획은 아주 작아야 실현 가능하다. 물론 나도 처음부터 계획을 작게 세운 것은 아니었다. 큰 계획을 실행하면서 무리라는 것을 느꼈고 작게 더 작게 목표를 수정했다.

처음 운동을 계획할 때는 플랭크 3분, 푸시업 20개, 스쿼트 100개를 하겠다고 결심했지만, 실행 첫날 알았다. 내 욕심일 뿐이라는 것을. 만약 이 계획을 수정하지 않고 지속했다면 아마 3일도 지나지 않아 포기했을지도 모른다. 처음 세운 계획은 1년을 꾸준히 실행했을 때나 얻을 수 있는 결과임을 나중에야 알았다. 우리는 어떤 계획을 세울 때 얼마나 현실과 상황을 고려하지 않고 그저 하고 싶은 대로, 보이는 대로, 계획을 잡는지 한 번 더 생각해 봐야 한다.

작은 계획을 세운다는 것은, 구체적이고 현실적인 목표를 설정하는 것이다. 플랭크 30초, 푸시업 1~3개, 스쿼트 5~10회 정도가 현실적이다. 계획을 욕심껏 세웠다고 해도 무리라고 생각되면 수정과 변경하는 유연성을 가져야 지속할 수 있다. 그래야 꾸준히 실행할 수 있다. 작은 계획을 세우고 실행해야 성취감을 얻기도 쉽다. 너무 큰 계획을 세우고 자신이 할 수 있는 역량을 다 쓰고, 다음 날 근육통과 체력 저하로 바로 포기하는 것보다, 작게 실행함으로써 성취감을 얻고 다음 날도 지속하는 것이 훨씬 효과적이고 오래간다. <u>오늘도 해냈다는 성취감을 맛보면 맛볼수록 그 계획을 승리로 이끌 확률이 더 높아진다.</u>

내가 운동하고 몸이 좋아진 것을 보고 친구나 지인들이 운동법이나 운동량을 물어보기도 한다. 그럴 때마다 나는 다른 사람의 횟수보다 자신의 횟수가 중요하다고 말한다. 자신이 할 수 있는 최소한으로 시작하라고 하지만 그 말을 들으면 대부분은 쉽게 생각한다. 그리고 며칠 뒤 운동하고 근육통이 와서 병원에 갔는데 운동하면 안 된다는 말을 들었다는 것이다. 자신에게 맞지 않는 무리한 운동은 전혀 도움이 되지 않는다. 나 역시 여러 방법으로 실행해 보고 조절하고 근육통도 느끼며 나에게 맞는 횟수와 방법을 긴 시간 동안 계속 수정했다.

오십의 태도

《느리게 나이 드는 습관》의 저자이자 서울아산병원 노년내과 의사 정희원 교수가 강조하는 것이 있다. 노년 건강을 위해서는 반드시 근력 운동을 해야 하는데, 영양제에 돈을 쓰기보다 자신에게 맞는 운동을 하기 위해 헬스장이나 운동 기관에 가서 제대로 배우고 실천해야 한다는 것이다. 너무나 당연한 말이지만 운동을 시작하는 많은 사람이 제대로 배우지도 않고 시작하는 경우가 많다. 헬스장에 가도 PT를 받지 않고 바로 기구 운동을 한다. 나는 지금은 집에서 운동하지만 그전에 여러 운동을 배웠다. 기본 운동 자세를 배웠기에 홈트레이닝이 가능한 것이지 처음부터 욕심껏 근력 운동을 시행했다면 근육통으로 한동안 고생했을 것이다.

그리고 운동에 욕심을 부리지 않는다고 했지만, 사실은 거짓말이다. 운동하다 보면 자연스럽게 욕심이 생긴다. 세 개를 하면 다섯 개를 하고 싶고 다섯 개를 하면 열 개가 하고 싶어지는 게 사람 마음이다. 그래서 평소 체력보다 항상 오버하게 된다. 운동을 처음 시작할 때 특히 그렇다. 운동을 루틴으로 매일 하다 보면 욕심을 부리기보다는 조금씩이라도 매일 하는 것이 중요하다는 것을 알게 된다. 매일 하다 보면 어느 순간 운동이 쉽게 느껴질 때가 있다. 그때 횟수를 늘리거나 다른 운동을 추가하는 방법으로 늘려야 한다. 조금씩 추가하는 것이 1년 정도 되면 얼마나 커질 수 있는지 경험하는 중이다.

또 한 가지, 자신에게 관대해야 한다. 계획과 달리 일상에서는 갑작스러운 일들이 생긴다. 그런 일로 인해 큰맘 먹고 세운 계획에 방해를 받기도 하고 한두 번 미루다 보면 포기하게 된다. 예전에는 나역시 못 하는 날이 생기면 다음 연결이 어려웠다. 그러나 오전에 못하면 오후에 하면 되고 오늘 못 하면 내일 하자라는 마음으로 자신에게 관대하고 유연하게 대하는 게 오히려 도움이 되었다. 그래서 '계획은 작게, 실행은 바로'가 중요한 것이다. 계획을 크게 세우면 한번 못했을 때 다시 시작하기가 힘들고 어렵다. 그러나 작게 세운 계획은 오전에 못 해도 오후에 할 수 있고 오늘 못 해도 내일은 어렵지 않게 다시 할 수 있다.

제임스 클리어의 《아주 작은 습관의 힘》에서는 습관은 꾸준히 형성되는 규칙적인 일로 대개 자동적으로 이루어지며, 더 좋은 습관을 만들고 더 좋은 결과를 만들어내기 위해서는 작은 일에서 시작하는 것이 중요하다고 말한다. 어떤 중요한 순간은 과대평가 되는 반면, 매일 사소한 진전은 과소평가 되기 쉽다. 1퍼센트의 성장은 눈에 띄지 않는다. 하지만 그 1퍼센트에서 모든 것이 시작된다.

습관은 복리로 작용한다. 돈이 복리로 불어나듯 습관도 반복되면서 그 결과는 곱절로 불어난다. 어느 날, 어느 순간에는 아주 작은 차이였지만 몇 달, 몇 년이 지나면 그 결과는 어마어마해진다. 2년, 5년, 10년 후를 생각해 보라. 좋은 습관과 나쁜 습관은 분명 엄청난 차이를 보일 것이다. 일상의 습관이 아주 조금만 바뀌어도 우리의 인생은 전혀 다른 곳으로 갈 수 있다. 1퍼센트 나아지거나 나빠지는 건 그 순간에는 큰 의미가 없어 보이지만 그런 순간이 쌓인다면 내가 어떤 사람이 되어 있을지, 어떤 사람이 될 수 있을지의 차이를 결정한다. 우리의 삶은 한순간의 변화로 만들어지는 것이 아니다.

운동뿐만 아니라 성장 도구를 실행할 때도 이 방법을 활용한다. 작은 계획을 세우고 바로 실행하기, 그리고 꾸준하게 하기. 운동은 헬스장에 가지 않아도 마음만 있으면 할 수 있는 근력 운동 세 가지를 하루 일정에 계획해 두기, 운동이 끝나면 바로 연결해서 명상하기, 매일 1시간 책 읽기 등이다. 책 읽기도 처음에는 '3페이지만이라도 읽기'부터 시작해 루틴이 되었고, 글쓰기도 마찬가지다. 처음에는 책 읽고 난 후 중요 문장 쓰고 서평 쓰기부터 시작해 쓰고 싶을 때만 썼다. 그러다 매일 1포스팅을 하는 일과를 루틴으로 만들었다. '계획은 작게, 실행은 바로' 우리가 목표를 달성하기 위한 첫 시작이다.

인생 후반,
멋진 언니로
산다는 것

리스펙! 리스펙은 사전적인 의미로 존경, 경의, 존중의 뜻을 가지고 있는 명사 혹은 동사다. 쉽게 말하면 타인을 존중하거나 배려하는 마음을 가지고 있을 때 쓰는 단어다. 리스펙! 한 번도 들어보지 못한 말이었다. 그러던 내가 "리스펙한다"는 말을 듣게 된 것은 운동하고부터다. 처음 시작은 미미해도 멋지게 나이 들 수 있는 것 중 하나가 운동이라고 생각한다.

우연히 유튜브를 보다가 지식 인사이드에서 40년 동안 운동한 80세 할머니 이야기를 봤다. 할머니라고 소개되었지만 믿기지 않을 정도로 탄탄한 몸매와 건강하고 활력이 넘치는 모습이었다. 리스펙한다는 말이 저절로 나올 정도였다. 저런 분은 어떤 동기로 운동을 시작했을까 궁금해졌다. 얘기인즉슨 평소 운동을 좋아하던 주인공은

35년 동안 에어로빅을 했다고 한다. 그러던 어느 날 샤워를 하고 나오다가 털썩 주저앉아버렸다. 진료 결과, 척추관협착증이라는 진단을 받았다. 의사 선생님이 근육이 감소해 그런 거니 근력 운동을 하라고 추천해서 운동을 시작하게 되었다는 것이다. 근력 운동은 한 번도 해본 적 없지만, 너무 절실해서 시작했고 꾸준하게 관리하게 되었다는 내용이었다.

여기까지의 내용은 나와 참 비슷했다. 주인공은 70대의 나이에 진단을 받았지만 나는 주인공보다 더 젊은 마흔일곱 살에 똑같은 얘기를 들었다. 5년 전 직장을 다닐 때까지만 해도 고질병인 허리 통증과 다리 저림 증상은 그렇게 심각하지 않았다. 직장을 다닌다는 명목으로 방치해 둔 나의 몸 상태를 의사 선생님에게 듣고 너무 우울해졌다. 이렇게 젊은 나이에 하고 싶은 일도 많고 할 일도 많은데 몸 상태가 좋지 않다는 것이 슬펐다. 우리 행복의 90퍼센트는 건강에 의해 좌우된다는 말이 얼마나 맞는 말인지 몸소 느꼈다.

이 영상에서 본 주인공은 같은 연령대보다 20~30세는 더 젊어 보였다. 주인공 역시 근력 운동을 시작하고 몸이 좋아지고 활력이 생겼다며 "못 한다가 아니라 시작할 때가 진짜 시작"이라는 멋진 말을 남기셨다. 운동을 시작하며 활기를 찾고 나니 예전에는 겁이 많았는데 지금은 겁이 안 난다는 말에도 공감했다. 운동을 하다 보면 생각지도 못한 자신감이 생긴다. 예전에는 생각만 하고 말았던 일을 하게 되고 내가 할 수 있을까 싶었던 일도 '뭐 못 할 것도 없지'라는 생각으로

오십의 태도

바뀌었다.

영상에서 소개한 주인공도 35년 동안 에어로빅을 했다. 나 역시 여러 종류의 운동을 했다. 그런데 내가 한 운동이 근력을 키우는 운동으로는 연결되지 못했다. 주도적인 운동이 아니라 그저 따라 하며 소극적으로 운동했기 때문이다. 단순히 운동을 따라 하는 것보다 주도적으로 이끌면서 지금 무얼 하고 있고 지금 하는 운동이 내 몸에 어떤 영향을 주는지 생각하면서 하면 몸의 행동 하나하나가 소중해지고 더 집중하게 된다.

뭐든 시작하기가 어렵다. 시작만 하면 된다. 그리고 시작하면 그냥 하게 된다. 운동은 이 생각 저 생각을 하다 보면 핑계만 생기고 하기가 싫어진다. 그냥 오늘만 한다는 생각으로 하다 보면 그 오늘이 365일이 된다. 나이가 들면 단연코 근력 운동이 필요하다. 유산소 운동도 좋지만 근력 운동은 건강을 유지하는 데 필수적이다.

블로그에 매일 하는 근력 운동 3종 세트 동영상을 올렸다. 물론 기록을 남기기 위해 올린 것이지만 그걸 본 남편과 딸들의 반응도 놀랍다. 대부분 혼자 있을 때 운동하기 때문에 동영상에서 본 나의 모습에 놀란 것이다. 그러면서 하는 말이 "엄마 진짜 장난 아니다. 엄마 아닌 줄. 진짜 멋져"라고 한다. 성공이다. 오십 평생 딸들에게 멋지다는 말을 처음 들어본다. 나름 평범한 아줌마가 딸들에게 멋지다는 말을 들었으면 성공한 거 아닐까? 솔직히 이런 반응이 낯설고 쑥스럽지만 즐기고 있는지도 모른다.

중년의 나이가 되면 누가 뭐라 하지 않아도 약간 위축이 된다. 누가 평가하는 것도 아닌데 오십에는 이래야 한다는 기준을 가지게 되고 자신에게도 엄격한 잣대를 들이밀며 자존감을 잃을 때가 많았다. 사회의 일원으로 일하며 바쁠 때는 느끼지 못했던 소외감과 허무함을 느끼고, 이른 은퇴로 할 수 있는 게 없다는 무력감에 빠지기도 한다. 그런 일이 비일비재하게 일어나는 시기임에도 불구하고 멋지다는 말을 들으면, 그만큼 성장했다는 생각에 뿌듯한 마음과 자신감이 생긴다. 자신감이 생기고부터는 그렇게 하기로 결정하면 뭐든 될 수 있다고 믿게 된다.

"멋지다", "리스펙한다"라는 말을 자주 들어 자신감이 올라가면 나도 모르게 그렇게 되려고 노력한다. 말하는 대로 된다고 하지 않던가? 주변의 긍정적인 기대나 관심이 사람에게 좋은 영향을 미치는 피그말리온 효과처럼 나에게 원하는 이미지가 있으면 그렇게 되기 위해 노력하게 된다는 걸 알았다. 지금의 나는 평범한 50대 중년 여성이지만 육십이 되는 10년 뒤에는 지금보다 더 멋진 언니로 성장해 있을 거라고 상상한다. 그리고 그렇게 살기로 결정했다. 무언가를 하기로 결정하고 나면 생각보다 행동이 쉬워진다. "나는 운동을 할 거야"가 아니라 운동하는 사람이 된다. "나는 살을 뺄 거야"가 아니라 건강한 사람이 된다. "나는 예뻐질 거야"가 아니라 멋진 사람으로 살게 된다. 자신만의 의지와 결정이 중요함을 느낀다.

〈결국 해내는 사람들의 원칙〉에 따르면, 우리 뇌에는 망상활성

계라는 RAS가 있는데 내 잠재의식 속에 하고 싶은 일을 글로 적고 반복해서 읽고 기억하면 이 RAS가 알아서 그 일을 할 수 있도록 해준다고 한다. 뇌에 관련된 정보라 정확하게 표현하거나 설명하기는 어렵지만, RAS에 어떤 아이디어나 목표를 설정해 놓으면 내가 잠을 잘 때도 깨어 있을 때도 목표를 생각할 때도 딴생각을 하고 있을 때도 RAS가 부단히 노력해 내가 이루려고 하는 것을 찾아낸다는 것이다. 이런 예가 운동이다. 운동을 하기로 굳게 마음을 먹고 다음 날 동네를 걸어 보면 신기하게도 평소에는 보이지 않던 필라테스 센터가 눈에 들어오고 스포츠용품을 파는 가게가 눈에 띄는 현상이 이런 것과 관계가 있다고 한다.

단 원하는 것을 추상적 개념이 아닌 구체적이고 또렷한 그림으로 만들어 입력해야 RAS가 제대로 작동한다고 한다. 그래야 원하는 것을 자신 앞에 대령할 때까지 멈추지 않는다는 내용이었다. 신기하지 않은가? 자신이 어떤 의지와 결정을 하느냐에 따라 우리의 뇌도 그것을 이루도록 돕는다는 데 마음이 끌렸다. '나는 멋지게 산다'라고 스스로 인지하면 그렇게 될 수 있도록 뇌가 돕는다는데 망설일 필요가 있을까? 지금 내가 원하는 것을 나는 인식하고 명령한다. 나의 RAS가 알아듣고 제대로 작동할 수 있도록.

오십의 나이에 그것도 평범한 주부가 가족과 지인, 그리고 많은 블로그 이웃에게 멋지다는 말을 들을 때면 생각한다. 인생이란 성과가 크다고 해서 꼭 성공했다고 할 수도 없다. 스스로 멋진 사람이 되겠다고 선택했고 그만큼 성장했고 멋있게 나이 들고 있다면 그것도 성공이라고 말할 수 있지 않을까?

나를 보고 좋은 자극을 받아 작은 시작을 하게 됐다는 것만으로도 일단 의미가 있다. 오십의 나는 멋진 언니로 살기로 했다. 내가 그렇게 되기로 마음먹고 하고 싶은 것을 실행한 날부터 나는 멋진 언니가 되는 것이다. 나는 그렇게 멋진 언니로 살고 싶다.

PART
3

인생 2막,

독서로 노후를
준비하라

지금 내가 할 수 있는
가장 가성비
좋은 것

직장을 그만두면 하고 싶은 것을 하며, 멋지게 시간을 보내면서 여유 있는 일상을 보낼 거라고 생각했다. 그러나 현실은 달랐다. 매일 아침 반복하던 일상이 사라지니 여유보다는 무료함과 허탈감이 느껴졌다. 남편은 직장 일로 바쁘고 아이들도 각자 바빠 엄마에게는 신경 쓸 겨를이 없었다. 우리는 자신의 마음과 힘듦을 가족이 알아주고 위로받기를 바라는 경향이 있다. 그러나 가족이라고 해도 각자 하루를 치열하게 사느라 바쁘고 힘들다. 같이 산다는 이유만으로 의지하고 섭섭해하기에는 각자의 삶이 너무 바쁘다.

　　가족이 모두 출근하고 멀거니 소파에 앉아 있다가 문득 나는 왜 이런 생각으로 자신을 힘들게 하고 있을까 싶었다. 아무도 알아주지 않는데 혼자 생각하고 혼자 결론 내리고 속상해하고 있다. 이런 기분이 나에게 도움되지 않는다는 것을 알면서도 무기력함에 몸을 일으킬 수가 없었다.

그런 하루하루가 반복되던 날, 우연히 책꽂이에 꽂힌 책을 보게 되었다. 평소 책에 관심은 있었으나 시간이 없다는 핑계로 사놓기만 하고 읽지 않았다. 읽지 않은 책도 많았고 앞부분만 읽고 덮어놓은 책도 눈에 들어왔다. 관심 있어서 산 책이지만 시간이 없다는 핑계로 책꽂이에 꽂혀 있던 책을 꺼내 한 페이지 한 페이지를 넘겼다. 그중 가장 흥미가 가는 책을 골라 본격적으로 읽었다. 그것이 책을 다시 읽게 된 시작이었다.

책 읽기는 생각보다 쉽지 않았다. 평소 책 읽는 습관이 없으니 조금만 읽어도 졸리고 대부분 소파에 앉아서 책을 읽다 보니 금방 잠이 들기도 했다. 오래 앉아 있지 않았는데도 허리가 아프고 목도 아팠다. 그런데 신기하게도 책을 놓고 싶지 않았다. 처음 책을 읽을 때는 30분 읽고 책을 덮고 또 20분 읽고 집안일하고 틈틈이 읽어서 그런지 진도가 잘 나가지 않았다. '급할 것도 없으니 천천히 읽으면 되지 뭐'라는 생각이 있었기에 내 속도로 읽어나갔다. 한 달쯤 지나 책 한 권을 다 읽었다. 책을 읽다가 말다가를 반복했을 때는 책을 읽는 쾌감을 느낄 수가 없었다. 책을 한 권 다 읽고 덮는 순간 뭔지 모를 쾌감이 느껴졌다.

최근 우리나라 독서 평균에 대한 기사를 읽었다. 우리나라 성인의 60퍼센트가 독서를 안 한다고 한다. 1년 평균 독서량은 3.9권이며

오십의 태도

성인 열 명 중 여섯 명이 1년 동안 책을 한 권도 읽지 않는다는 정부 통계가 나왔다. 성인 독서율이 매년 최저치를 경신하고 있다는 뉴스를 보면서 나 역시 5년 전만 해도 1년에 한 권을 겨우 읽을 정도였으니 고개를 끄덕일 수밖에 없었다. 종합독서율을 연령별로 보면 20대가 74.5퍼센트로 가장 많았고 30대가 68퍼센트, 40대가 47.9퍼센트, 60세 이상은 15.7퍼센트였다. 50대의 통계가 없어서 조금 궁금했지만 대략 어림짐작은 된다.

책을 읽지 않는 이유로는 '시간이 없다'라는 응답이 가장 많았고 '스마트폰이나 다른 매체를 이용해서', '습관이 들지 않아서' 등이 있었다. 흥미로운 것은 소득에 따라 독서율에 차이를 보인다는 것이다. 월평균 소득 500만 원 이상은 독서율이 54.7퍼센트인 것에 반해 월평균 소득 200만 원 이하는 독서율이 9.8퍼센트에 머문다. 성인들이 책을 읽기 가장 어려운 이유 중 24.4퍼센트가 일 때문이었는데 그 상관관계를 보여주는 결과다. 나만 해도 일할 때는 관심 있는 책을 사놓고도 시간이 없다는 핑계를 대면서 읽지 않았으니 대부분 비슷한 이유일 것이다.

책은 가까이할수록 친해지고 멀리할수록 쳐다보기도 싫다. 책 한 권 다 읽기도 어려웠던 내가 지금은 1년에 50권 정도를 읽는다. 한 주에 한 권 정도 읽는 것이다. 누가 시켜서 읽으면 이렇게 읽을 수 없을 것이다. 독서 평균만 보더라도 그렇지 않은가? 책을 안 읽는 사람은 한 권도 안 읽고 책을 읽는 사람은 1년에 100권도 더 읽는다. 책을 읽는다는 것은 이렇게 너무도 다른 양상을 띤다.

한 권의 책을 읽고 나니 책에 흥미가 생겼다. 그동안은 책을 읽어야 한다는 막연한 욕심과 마음만 있었지 원해서 책을 읽으려고 했던 것이 아니었다는 것을 알게 되었다. 마음먹고 책을 읽어야겠다고 결심했다. 책이 주는 재미와 유익성은 책에 따라 다르고, 사람에 따라 다르고, 관심사에 따라 다르다. 누구는 수필과 에세이를 좋아하고, 누구는 자기계발서를 좋아하고, 누구는 시와 문학을 좋아한다. 나는 자기계발서가 좋았다. 무료했던 나에게는 무언가 자극이 필요했고 자기계발서는 그런 자극을 주기에 충분했다. 책은 한 권을 읽더라도 읽고 싶거나 좋아하거나 도움을 받을 수 있는 책을 읽으면 읽고 나서 그 효과가 더욱 크다.

내가 책을 본격적으로 읽게 된 계기도 몇 년 전 주식 붐이 일어나면서 동학개미운동의 일원으로 재테크 공부를 시작하면서부터다. 주식에 관심을 가지면서 공부의 필요성을 느꼈다. 첫해에는 운 좋게 투자의 재미를 보고 주식에 관한 책을 읽었다. 주식 관련 책을 열여덟 권 정도 사서 봤으니 1년에 책 한 권을 다 읽기도 어려웠던 나에게는 있을 수 없는 일이 일어난 것이다. 그렇게 책을 읽고 투자를 했다. 물론 지금은 공부한다고 해서 다 수익을 내는 것은 아니라는 깊은 깨우침을 얻었지만 책을 읽고 주식의 기본을 알게 된 부분은 여전히 만족스럽다.

그 이후 부동산에 관한 책을 열 권 이상을 읽었고, 경매 관련 책도 경매에 대한 궁금증이 해결될 때까지 사서 읽었다. 그렇게 배운 경매로 입찰도 해보고 부동산 투자도 하는 계기가 되었다. 관심 있는 분야의 책을 읽다 보면 책에 대한 흥미는 저절로 생긴다. 그동안은 남들이 보는 베스트셀러나 제목이 좋아 보이는 책 위주로 사서 읽고 그마저도 다 읽지도 못했다. 그런데 관심과 흥미가 있는 책을 읽으니 책 한 권을 읽는 것은 시간문제일 뿐이었다.

책은 다른 사람이 추천하는 책이나 베스트셀러도 좋지만 그것보다는 관심이 있고 궁금하고 알고 싶은 내용이 있는 책을 추천한다. 그렇게 한 권의 책을 읽고 흥미를 가지면 다음 책이 궁금해진다. 책은 우리에게 롤모델이 되어준다. 인생에서 성공한 사람을 만난다는 것은 너무도 어려운 일이다. 좋은 롤모델을 만나 그 롤모델에게서 인생의 경험을 배우면 좋겠지만 그런 일은 쉽게 일어나지 않는다. 그런데 누구나 롤모델을 만날 수 있는 곳이 있다. 바로 책이다. 요즘 20~40분 정도 책 소개를 하는 북튜브가 인기를 끌고 있다. 책 읽을 시간이 없을 때는 활용할 수 있지만 짧은 시간에 소개하는 글의 인사이트만 듣고 그 책이 전하려고 하는 것을 온전히 다 알 수 있다는 것은 어불성설이다. 책은 책으로 읽을 때 온전히 다가오는 맛이 있다. 그 맛을 알기 전에는 책의 본질을 알지 못한다.

처음 책을 읽는 이들에게 추천하고 싶은 책

《데일카네기 인간관계론》
오십이 되도록 여전히 어려운 건 인간관계다. 두고두고 읽고 싶은 책. 인간관계의 어려움을 느낄 때 한 번씩 펼쳐보면 좋은 책이다.

《퓨처셀프》 벤저민 하디
미래가 어떻게 펼쳐질지 불안할 때 지금 어떤 선택을 할지, 어떤 미래를 그릴지 인생 2막을 힘차게 계획하게 해준 책.

《회복탄력성》 김주환
나만 힘들고, 불운은 나에게만 오는 것 같은 두려운 심리 상태를 불안정에서 안정으로 이끌어주는 책. 이 책을 읽고 명상과 더 친해지게 되었고 삶의 어려움을 긍정적으로 해석하려고 노력하게 되었다.

《부자의 그릇》 이즈미 마사토
얇고 작은 책이지만 지금까지 생각했던 부자, 돈에 대한 개념을 바꾸게 해준 책. 돈과 부자에 관심이 있다면 꼭 읽어보길 바란다. 돈은 그만한 그릇을 가진 사람에게 모인다. 돈보다 자신의 그릇을 먼저 키워야겠다고 느낀 책이다.

《세이노의 가르침》 세이노
책을 읽는 내내 내가 알고 있는 것이 맞는지 질문하게 하는 책. 한 권의 책을 통해 잡학 다식한 인생 설명서를 읽는 느낌을 갖게 해준 책. 다소 직설적 표현이 많지만 살이 되고 피가 되는 글이 많아서 또 보게 되는 책이다.

내 삶을
  풍요롭게 하는
것들

쇼펜하우어는 행복을 위한 필수 조건으로 '교양'을 꼽았다. 그는 교양을 쌓기 위한 독서가 가치 있는 이유를 이렇게 말했다.

"우리의 행복은 주머니에 무엇이 들어 있느냐보다는 머릿속에 무엇이 들어 있느냐에 달려 있다."

이제 책은 나에게 없어서는 안 될 단짝 친구가 되었다. 책을 읽을 때 누군가는 다독을 하는 것이 좋다고 하고, 또 누군가는 다독보다는 고전을 읽고, 좋은 책을 여러 번 읽는 게 좋다고 한다. 어떤 방법이든 책을 읽는 것 자체를 즐기는 것이 중요하다고 생각한다. 어떤 방법이 좋은지는 책을 읽으면서 알아가면 될 일이다. 책을 읽기 전에는 집에 있으면 항상 심심했다. TV를 봐도 재미없고 지루했다. 뭐 할 게 없을까 하면서도 책을 읽지는 않았다. 지금은 무료할 시간이 없다. 책이

오십의 태도

주는 풍족함을 알고 독서를 통해 생각이 깊어지고 넓어질 수 있음을 느낀다. 책을 통해 다양한 세상을 경험하고 있다.

책을 읽으면서 느끼지만, 사람은 자기가 경험한 세계만 믿는 경우가 많다. 책을 통해 다양한 간접 경험을 하는 것만으로도 경험의 세계를 충분히 넓힐 수 있다. 책에는 저자의 노하우와 철학, 삶의 방식 그리고 인생이 녹아 있다. 그렇게 따지면 책값은 인생의 경험을 얻는 값으로 너무 싸다. 책을 본격적으로 읽기 전에는 책값이 비싸다고 생각했다. 책 한 권을 들고 책값을 보다가 비싸다는 생각에 내려놓은 적이 한두 번이 아니다. 지금 생각해 보면 이렇게 가성비 좋은 상품도 없다. 작가의 노하우와 인생 철학을 책 한 권으로 다 배울 수는 없다. 그러나 책을 읽다 보면 자연스럽게 얻어지는 것이 있다. 그 사람의 경험과 생각을 간접적으로 읽고 느끼면서 자신이 경험하지 못했던 것을 책을 통해 알게 된다. 이 얼마나 멋진 일인가?

책을 읽기 시작하면서 몇 년 전 남편이 쓰려고 만든 서재의 책상이 온전히 나의 자리가 되었다. 처음에는 소파에 앉아 책을 읽었지만 책을 읽는 시간이 늘어나면서 자연스럽게 책상에 앉아서 보게 되었다. 《김미경의 마흔 수업》에서 김미경 강사는 누구나 자기만의 책상을 가져야 한다고 말했다. 나는 주부일수록 자신의 책상을 가져야 한다고 생각한다. 직장 생활을 하는 남편이나 아이들은 각자 사회생활을 하면서 자신만의 자리를 가지고 있다. 싫든 좋든 자신에게 주어진 자리가 있다. 대부분의 주부는 집에 있는 공간 모두가 내가 쓰는 공간이다. 식탁이나 소파에서 뭐든 하면 된다고 생각하는 경우가 많다. 그러나 그 자리는 내 자리가 아닌, 가족이 함께하는 공간으로 인식해야 맞지 않을까? 작은 자리라도 나만이 쓸 수 있는 책상이 있다는 것은 가족에게도 나름의 자리를 인정받는 것이다.

요즘 책상에 앉아 책도 보고 글도 쓰고 할 일이 많아졌다. 그런 나를 보며 남편은 우스갯소리로 자기 책상을 뺏겼다고 한다. 하지만 자신의 자리를 가지고 무언가에 열중하는 아내의 모습이 싫지만은 않은 것 같다. 오십이 되면 아이들이 어느 정도 성장하고 학업을 마친 경우가 많다. 가끔 친구의 집에 가봐도 아이들이 썼던 책상 하나쯤은 그냥 방치된 경우도 있고 정리해서 버리기도 한다. 나 역시 딸들 대학교 졸업 후 가장 먼저 처분한 것이 책상이고 그 대체 가구로 화장대를 샀다. 딸들이 다 분가하고 방도 남지만 거실에 내 책상을 두었다. 엄마가, 아내가, 자신의 공간에서 하루를 열심히 사는 모습을 보여주기에 거실만 한 곳도 없다. 물론 이것은 나의 경우다. 거실은 가족이 주로 많은 시간을 할애하는 곳이므로 서로의 이해가 필요하다.

책을 읽는다는 것은 자존감을 키우는 일이다. 자존감은 자율성에서 온다고 하는데 누가 읽으라고 해서 읽는 게 아니라 자신이 원해서 주도적으로 읽는다는 생각이 들어야 책을 사랑하게 된다. 그러니 아이들에게 억지로 책을 보라고 하기 전에 부모가 먼저 책을 보면 자연스럽게 아이들은 따라 할 수밖에 없다.

나 역시 아이들이 어릴 때는 직장에 다니고 바쁘다는 핑계로 못

오십의 태도

했던 것을 지금 조금씩 하고 있다. 이 좋은 것을 미리 알았더라면 어땠을까 하면서 말이다. 엄마가 매일 책을 읽고 글을 쓰는 모습을 본 딸들은 드디어 엄마가 무슨 책을 읽고 있는지 궁금해하기 시작했다. 꽤 오래 걸렸다. 성인이 된 딸들이 엄마의 독서에 관심이 생겼다는 건 매우 기분 좋은 일이다.

주말에 집에 온 딸들이 같이 살 때는 관심도 없던 책장을 보며 "엄마, 나 책 좀 보려고 하는데 무슨 책부터 읽어볼까? 한 권만 추천해 줄 수 있어?"라고 물어보았다. 나는 주저 없이 인생 책을 권해주며 "이 책이 엄마가 좋아하는 책인데 한번 읽어볼래? 너네한테는 아닐 수도 있어. 가볍게 한번 읽어봐" 하고 책을 건넸다. "엄마 인생 책이 이 칸에 있는 건데 조금씩 바뀌더라고" 하면서 조금은 있는 척도 해보았다. 며칠 뒤 책을 다 읽고 가져온 딸들이 "엄마, 이 책 진짜 좋아. 왜 엄마가 이 책 읽으라고 했는지 알 것 같아. 다음에는 무슨 책 읽어볼까?" 하고 묻는 것이다. 이런 아름다운 상황을 맞이할 수 있다는 것이 또 얼마나 감격스러운지. 부모가 책을 읽으라고 애써 권하지 않아도 책 읽는 모습을 보이면 본보기가 된다는 것이 이런 걸까?

나는 빌려준 책은 꼭 돌려받는다. 딸들에게 책을 주면서 "다 읽고 반납해 줘"라고 꼭 말한다. 조금은 인색한 것 같지만 그만큼 책을 아낀다고 생각해서 그런지, 딸들도 몇 권의 책을 읽어본 뒤 직접 구입해서 소장하는 것을 보니 잘했다는 생각이 든다. 딸들도 책을 읽으면서 좋은 문장에 줄을 긋고 싶은데 엄마 책이라 그럴 수 없어서 아쉬웠다며 한 번 더 읽고 싶은 책은 구입했다고 말했다. 그래, 책은 직접 사야 온전히 내 것이 된다. 나는 좋은 문장에 밑줄도 긋고 메모도 한다. 다시 읽고 싶은 페이지는 접거나 포스트잇을 붙이기도 한다. 내 생각과 흔적이 남아 있는 책을 다시 보는 것이 좋다. 그리고 그 맛을 알게 된 우리 딸들도 기특하다. 늦었지만 엄마가 좋은 모습으로 딸들에게 조금이나마 도움이 된다면 나는 충분한 보상을 받고 있는 것이다.

가끔 주말에 딸들과 저녁 식사를 하며 최근에 읽은 책에 대해 이야기를 나눈다. 대화하다가도 아직 버리지 못한 부모의 욕심이 한 번씩 찾아오곤 한다. "그거 다 읽었으면 이 책도 읽어볼래?" 참 부모는 어쩔 수 없나 보다. 자율성이 있지 않는 한 어떤 좋은 책을 권해줘도 읽지 않는다는 것을 알면서도 무슨 욕심에 아직도 그 마음을 버리지 못하고 있는지. 딸들이 추천해 달라고 하기 전이나 궁금해하지 않을 때는 굳이 나서서 책을 권하지 않는다. 그러니 더 궁금해하고 관심 있어 하는 것을 보면 모든 관계는 밀당이 필요한가 보다.

나의 책상에는 24시간 책이 펼쳐져 있다. 읽든 읽지 않든 독서대에 펼쳐져 있는 책을 보면 괜스레 으쓱해진다. 항상 책을 읽는 사람들은 무슨 호들갑이냐 할 수 있지만 꾸준히 책을 읽지 않다가 '나는 책을 읽는 사람이다'라고 스스로 인식하게 되니 어디서 나오는 자존감인지 '나 좀 괜찮은데' 하는 생각이 든다. 오십을 인생 2막이라고 표현하는 것처럼 나의 오십은 책을 읽기 전과 책을 읽은 후로 나뉜다. 오십이 무료한가? 그럼 지금 책을 읽어보자.

타이탄의 도구들,
나의
도구들

인생을 살아가면서 자신을 성장시킬 수 있는 도구가 있다는 것은 참 행복한 일이다. 자신을 성장시킬 수 있는 도구는 하루아침에 장착되지 않는다. 꾸준히 실행하며 인생에 영향을 줄 정도의 루틴을 만들어야 한다. 그래야 진정한 성장 도구가 될 수 있다.

　나는 열심히 살아왔지만 그렇다고 잘 살아왔다고 자신 있게 말할 수는 없었다. 인생은 지나고 나면 그때는 왜 그랬을까 하며 후회되는 일이 참 많다. 어떤 사람은 한 가지 일에 꾸준히 끈기를 가지는가 하면, 나처럼 여러 가지 일을 경험한 사람도 있다. 뭐든 꾸준히 해야 결과를 볼 수 있다는 기준으로 보면, 자신의 일을 몇십 년 동안 해온 사람들은 분명 인생을 성장시키는 도구를 가지고 있을 것이다.

　그것이 자신이 좋아해서 선택했든 그렇지 않든 결과로 보면 중요하지 않다. 이미 시간이 모든 것을 증명해 주기 때문이다. 그런 의미에서 보면 나는 여러 가지 일을 하고 경험했지만 나를 성장시킨 도구가 무엇이었을까 고민해 봐도 딱히 자랑할 만한 것이 없다. 물론 그 많은 경험이 지금의 나를 만든 건 사실이지만, 내세울 만한 것도, 드러낼 만한 것도 없다. "지금 자신을 성장시키는 도구가 무엇입니까?"라는 질문에 자신 있게 대답할 수 있는가? 나는 3년 전까지는 자신 있게 대답할 답이 없었다.

그러나 지금은 다르다. 물론 지금의 나는 20대, 30대를 거쳐 40대의 내가 만든 결과물이다. 그나마 50대에라도 나를 위한 성장의 시간을 보낼 수 있음에 감사할 뿐이다. 인생의 전반기에는 그저 앞만 보고 달렸다면, 이제는 욕심을 내려놓고 온전히 나를 찾는 과정을 즐기고 있다.

팀 페리스의 《타이탄의 도구들》에서는 자신의 분야에서 최정상에 오른 이들을 거인이라는 뜻을 담아 '타이탄'이라 부른다. 그들은 '세상에서 가장 지혜롭고, 가장 부유하고, 가장 건강한 사람'이라고 평가받는 이들이다. 팀 페리스는 이들의 삶을 기록해 세계 최고들이 매일 실천하는 것들을 알려준다. 저자는 수백 명의 타이탄을 만날 때마다 질문했다. "아침에 일어나면 무엇을 합니까?" 그들이 아침에 하는 일은 다섯 가지로 압축된다. 첫째, 잠자리를 정리하고, 둘째, 명상하고, 셋째, 한 동작을 5~10회 반복하고, 넷째, 차를 마시고, 다섯째, 아침 일기를 쓴다. 이 가운데 세 가지만 해도 충만한 삶을 살 수 있다. 타이탄은 하루를 시작하는 1시간이 얼마나 중요한지를 강조한다. 그 1시간이 이후의 12시간을 좌우한다는 것이다. 사실 타이탄의 아침 습관이 사소하다고 느껴질 수도 있다. 하지만 사소한 습관이 우리의 삶에 영향을 끼친다는 사실을 기억하자.

나름 정신없이 앞만 보고 살았지만, 성장 도구 하나 내세울 것이 없었다. 그런데 이 책에 소개된 타이탄들의 아침과 지금 나의 아침이 비슷하다는 걸 알고 무척 기뻤다. 지금의 내가 틀리지 않았구나 싶었다. 몇 년 동안 자기계발서를 읽고 실행하고 꾸준히 반복해서 루틴을 만들었다. 아주 작은 것은 일상에서 표가 나지 않는다. 타이탄의 승리하는 아침을 만드는 다섯 가지 방법도 얼마나 사소한가? 매일 잠자리를 정리하는 것, 한 동작을 5~10회 반복하는 것, 차를 마시는 것, 이런 것은 금방 변화가 나타나는 것도 아니다. 자신이 아닌 다른 사람들은 변화를 감지하기조차 어렵다. 큰 성과를 보이는 것도 아니다. 그러나 한 가지 분명한 것은 있다. 스스로 지금까지와는 다른 일상을 살아간다는 것을 느낀다는 것이다. 그리고 이 작은 행동이 큰 효과를 줄 것이라는 걸 안다. 변화는 타인의 기대로 일어나는 것이 아니라 자신의 가치를 아는 데서 시작한다.

매일 아침 침대에서 일어나기 전에 심호흡하고 복근 운동을 한다. 복근 운동을 마치면 스트레칭하고 스트레칭이 끝나면 확언 명상을 한다. 2년가량 이어온 아침 루틴은 새로운 일상을 맞이하는 데 좋은 자극을 준다. 이 모든 것을 하는 데는 30분 정도 걸린다. 지금은 아

오십의 태도

침에 일어났을 때 이 루틴을 하지 않으면 하루의 시작이 왠지 찌뿌둥하다. 그러나 루틴이 있는 삶을 산다는 것은 때로는 힘든 일이다. 꾸준함이 있어야 하고 실행이라는 어려움이 따른다. 마음만 있다고 되는 것이 아니기 때문이다.

루틴을 실행하기 가장 어려울 때가 여행을 갈 때다. 여행을 갈 때는 함께 가는 일행이 있다. 갈 때마다 일행이 다를 수도 있고 일정도 함께해야 한다. 그렇기에 일행에게 피해를 주거나 분위기를 망치게 될까 봐 루틴을 실행하는 것이 쉽지 않다. 나에게 중요한 것이 그들에게 중요한 것은 아니기 때문이다. 그때마다 분위기를 봐야 하고 장소와 상황에 따라 달라진다.

한 번은 고등학교 동창들과 제주도로 2박 3일 여행을 갔다. 친구들과 함께하는 여행이기에 즐겁고 행복한 시간이었다. 한 가지 걱정은 평소의 루틴을 어떻게 할까였다. 가기 전부터 약간 고민이 되었다. 루틴을 할지, 하지 않을지. 막상 여행을 가보니 친구들에게 부담을 주지 않고 루틴을 실행할 수 있었다. 2박 3일 동안 안 한다고 무슨 문제가 있을까 싶기도 했지만 매일 꾸준히 하는 것이 루틴을 만드는 데 무엇보다 중요했다. 상황과 장소에 따라 한두 번 하지 않다 보면 루틴이 흐지부지 깨지는 경우도 있기 때문이다. 물론 지금은 루틴이 익숙해지고 완전한 습관으로 자리 잡았다. 지금은 하루 이틀 안 한다고 문제가 되지 않지만 좋은 습관이 완전히 자리 잡기까지는 어려움을 겪기도 한다. 내가 루틴을 계속할 수 있었던 것은 나만의 방법을 계속

찾았기 때문이다. 실행하다 어려우면 수정하고 장소가 바뀌어도 계속할 수 있는 것을 찾았다.

처음에는 앉아서 명상을 하다가 그마저도 귀찮다는 생각에 안 하게 되니 누워서 하는 명상으로 바꿨다. 복근 운동을 시작하려니 허리도 아프고 힘들어서 처음 시작은 발끝 치기부터 시작했다. 발끝 치기를 하다가 익숙해지면 복근 운동 10회를 했다. 차를 마시는 것도 자꾸 잊어버려 잘 보이는 곳에 두고 메모까지 해야 잊지 않고 차를 마실 수 있었다. 다이어리도 아침에 쓰다가 시간이 맞지 않아 저녁 시간으로 바꿨다. 전날 밤에 다음 날의 일정과 계획을 세우니 이것도 문제없이 실행할 수 있었다.

좋은 루틴은 만들기도 어렵지만, 계속 유지하고 꾸준히 하는 것은 더 어렵다. 중요한 것은 계속하는 것이지 무엇을 얼마나 어떻게 했는지는 중요하지 않다. 자신의 속도에 맞게 할 수 있는 것을 찾아 매일 실행하고 나에게 맞게 조정하고 조금씩 늘려나가는 것이 좋은 루틴을 만드는 첫 번째 방법이다.

나쁜 루틴은 별다른 노력 없이도 실행할 수 있지만 좋은 루틴은 노력 없이는 실행하기가 어렵다. 좋은 루틴은 그냥 생기는 게 아니다. 장소와 상황에 따라 하지 않는 일이 반복되면 그 반복이 루틴을 방해한다. 온전히 익숙해지고 좋은 습관으로 자리 잡기까지는 특히 더 그렇다.

좋은 루틴을 지키기 위해서는 자신만의 원칙이 필요하다. 그것

오십의 태도

이 독서든 운동이든 글쓰기든 익숙해질 때까지 일정 부분 제약하고 꾸준히 노력하는 과정은 반드시 필요하다. 일정 시간이 지나 스스로 노력하지 않아도 루틴으로 실행할 수 있게 되면, 그때는 조금씩 유동적으로 실행해도 좋은 루틴은 쉽게 깨지지 않는다. 이미 루틴을 가지게 되었고 삶에 좋은 변화가 일어났으니 어떻게 해야 좋은지 몸과 마음이 너무 잘 알고 있기 때문이다. 그래서 좋은 루틴은 힘들고 어려워도 내 몸에 익숙해질 때까지 꾸준히 유지하는 노력을 기울여야 한다. 적당히 타협해서는 유지하지 못한다.

내가 가지고 있는 나의 도구를 고민해 보니 가장 중요한 것은 꾸준함인 듯하다. 아무리 좋은 도구가 있어도 꾸준하지 않다면 좋은 도구라 할 수 없다. 꾸준함이야말로 모든 것을 이기는 방법이다.

명품 가방보다
더 좋은
선물

어느새 에코백이 하나둘 늘어난다. 이제는 일정이 있을 때면 챙기는 필수품이 되었다. 여행을 가거나 집을 나설 때 왠지 에코백이 없으면 허전하다. 에코백 안에는 노트와 책 한 권, 필기도구가 들어 있다. 요즘처럼 전자제품이 잘 나오는 시대에 굳이 노트에 필기도구인가 싶지만, 전자제품보다 노트에 글을 쓰는 게 좋다. 아무것도 가지고 나가지 않았을 때나 상황이 여의치 않을 때는 핸드폰 노트 앱을 활용하지만, 쓰든 안 쓰든 이제는 꼭 들고 다녀야 마음이 편하다. 책을 읽기 전에는 큰 가방이 필요 없었다. 카드와 핸드폰, 소지품 몇 개가 겨우 들어가는 가방을 가지고 다녔다. 그런데 책을 읽고 글을 쓰면서 이제는 큼직하고 편한 가방이 좋다. 작고 예쁜 가방은 옷장에 들어가 빛을 보지 못하고 있다.

1년에 몇 번은 나를 위한 선물을 한다. 기념일에 책 교환권을 선물로 받으면 기분이 좋다. 결혼기념일에 남편이 "결혼기념일인데 뭐 받고 싶은 거 있어?" 하고 물어보면 나는 고민 없이 "책 사게 돈으로 줘"라고 한다. 남편은 의아해하며 "명품 가방이나 옷이 아니라 겨우 책 산다고?"라고 답한다. 내가 "응, 나 명품 가방 필요 없는데, 사봐야 들고 다닐 데도 없어. 그것 들고 텃밭을 갈 거야, 동네 마트를 갈 거야. 그것도 봐주는 사람이 있어야 돈값을 하고 보여줄 맛이 나는데 나는 보여줄 데가 없어"라고 하자 남편은 의아한 표정을 짓는다.

흔히 명품 가방이 여자의 로망이라고 말한다. 명품 가방은 부의 상징이자 스타일의 완성이라고도 한다. 명품 가방을 들고 다니는 사람을 보면 부러울 때가 있었다. 저런 가방 하나 있었으면 좋겠다 싶고, 있어 보인다고 생각하던 시절이 있었다. 그런 마음도 한때일까? 그렇게 예뻐 보이던 명품 가방이 이제는 시들해졌다. 갖고 싶은 마음도 없고 남편이 사준다고 해도 들고 다닐 일도 없다. 나이가 들면 그런 가방이 필요하다는 생각이 들다가도 이내 콧방귀가 나오는 것 보면 지금 나에게는 필요 없는 목록이 된 게 분명하다. 물론 사회생활을 하고 웬만한 커리어가 있는 여성들은 다를 수도 있지만 지금 나에게는 그저 그런 가방이 되어버렸다. 어디에서 뚝 떨어진다면 당연히 고맙다고 받겠지만 굳이 그 돈을 들여서 살 필요성을 느끼지 못한다는 것이다.

비싼 명품 가방은 아니지만 옷장에는 브랜드 가방이 즐비하다.

오십의 태도

그것마저도 1년에 한 번 쓸까 말까 한다. 비싼 돈을 주고 샀는데 1년에 한두 번 쓰고 보관만 하기에는 너무 아깝지 않은가? 요즘은 명품 가방으로 재테크도 한다고 하니 너무 뒤떨어지는 생각일지 모르지만, 좋은 것은 빛을 발해야 좋은 것이다. 어떤 물건에 대한 가치는 각자 다를 것이다.

책을 구입하는 날이면 최고의 선물을 받는 기분이다. 그동안 읽고 싶었던 책을 장바구니에 넣어놓고 이날만을 기다린다. 물론 바로 읽고 싶은 책은 그때그때 구입하지만 장바구니에 관심 있었던 책을 넣어두고 한번에 받는 선물도 나름 기분이 좋다. 언젠가 친구와 등산을 하면서 책에 대한 이야기를 나눴다. 나는 읽을 책이 많으면 그렇게 기분이 좋다고 말하니 친구는 "읽을 책이 많으면 마음이 답답하던데, 이걸 언제 읽나 하고. 나는 한 권씩 사거나 빌려보는 게 좋아"라고 해서 웃은 적이 있다. 같은 책을 봐도 사람마다 참 다르다. 나처럼 책을 쌓아놓고 읽어도 마음이 편한 사람이 있는가 하면 친구처럼 읽을 책이 많은 것보다 지금 당장 읽어야 하는 책 한 권이 편하게 느껴지는 사람도 있다. 무엇이 되었든 좋은 책을 가까이에 두고 본다는 것은 좋은 일이다. 두고두고 한 번씩 찾아볼 수 있어서 좋고 책 표지만 보고 있어도 그 책이 주는 내용을 한 번 더 상기시킬 수 있어서 좋다.

선물은 대체로 타인에게 주거나 받거나 하는 대상이다. 선물을 주고받을 때면 기분이 좋다. 그래서 선물이다. 나는 1년에 몇 번 책을 선물하는 것 말고도 나에게 선물을 준다. 나를 조금씩 알아갈 수 있는 시간을 선물하는 것이다. 나를 위해 시간을 쓴다는 생각을 해본 적이 있는가? 시간을 선물한다는 것은 주도적으로 내가 내 시간을 정하는 것이다. 시간을 미리 정하고 그 시간을 쓰는 것과 시간이 있으니까 시간을 보내는 것은 분명 다르다. 주도적으로 나를 위한 시간을 선물한다는 것은 생각해 보면 꽤 근사한 일이다.

예전에는 혼자 뭘 하면 외롭고 조금은 슬프다고 생각했다. 항상 누군가와 함께해야 했고 혼자 있으면 외로웠다. 혼자 있는 시간이 싫었고 조금은 두려웠다. 지금은 혼자 있는 시간을 잘 지낼수록 인생이 더 단단해진다고 느낀다. 혼자 사색하고 책 보고 글 쓰고 그렇게 보내는 시간이 더 이상 외롭지 않다.

〈인타임〉은 모든 비용이 시간으로 거래된다는 설정을 가진 영화다. 모든 인간은 25세가 되면 노화를 멈추고, 팔뚝에 새겨진 '카운트 보디 시계'에 1년의 유예 시간을 제공받는다. 사람들은 음식을 시간으로 사고, 버스를 타고, 집세를 시간으로 계산한다. 하지만 주어진 시간을 모두 소진해 13자리 시계가 0이 되는 순간, 심장마비로 사망한다. 가난한 사람들은 열심히 일해 노동으로 시간을 사고 친구에게 빌리기도 하고 그래도 부족하면 남의 시간을 훔쳐야 한다. 반면 부자들은 젊음을 유지한 채 영생을 누릴 수 있다. 모든 것이 시간으로 거래된다는 설정도 놀랍지만 부유한 사람들의 시간과 가난한 사람들의 시간이 다르다는 설정도 인상적이었다. 매일 아침 충분한 시간을 벌지 못하면 더 이상 살 수 없다는 사실을 깨달으며 눈을 뜬다면 어떨

오십의 태도

까? 이 영화를 보고 지금까지 알던 시간에 대해 다시금 생각하게 되었다.

우리는 누구나 똑같이 24시간을 산다. 어떤 이는 바쁜 일상으로 시간이 없다고 투덜대고 어떤 이는 그 와중에도 성장의 시간을 가진다. 주어진 시간은 같지만 각자 다른 시간을 쓰고 있다. 영화처럼 내가 쓸 수 있는 시간이 한정되어 있고 시간이 없어서 죽을 수도 있다면 나는 어떤 시간을 살고 있을까? 이 영화를 보고 '오늘 할 수 있는 일에 집중하자'라는 한 문장을 만들었다. 무엇이든 오늘 할 수 있는 일에 집중하며 시간을 쓰는 것, 그것이 지금 나에게 주는 또 하나의 선물이다.

낯선 곳에서
나를
만나다

"보이지 않는 것을 보려고 노력하라. 보이지 않는다고 없는 것이 아니다. 우리는 자신이 아는 것만 볼 수 있다."

괴테의 말이다. 책을 읽고 사색하는 시간이 늘어날수록 예전에는 관심 없던 것과 그동안 알지 못했던 것을 조금씩 탐색하고 알아가는 중이다. 낯선 곳에서 혼자만의 경험을 해본 적이 있는가? 나는 원래 혼자 있는 걸 싫어했다. 사람은 힘들어도 지지고 볶는 게 사는 것이라고 생각했다. 가끔은 혼자만의 시간을 잘 보내는 사람들을 보며 그것도 괜찮겠다 싶어 한 번씩 용기를 낼 때가 있다. 그런데 혼자서 뭘 하려고 할 때마다 꼭 원하지 않는 낯선 경험을 하게 된다.

나는 산에 다니는 것을 좋아한다. 일행과 산에 오르다 보면 기분도 좋고 운동도 되며 자연과 함께하는 그 순간이 참 좋다. 자주 다니고 싶지만, 남편은 산을 좋아하지 않고 다른 일행과는 일정을 맞추기가 어렵다. 가끔 혼자 산에 오는 사람들을 볼 때면 혼자 다니는 것도 괜찮겠다 싶어서 어느 날 용기를 내보았다.

남편에게는 혼자 산에 간다는 말은 하지 않았다. 분명 반대할 게 뻔하기 때문이다. 그냥 조용히 갔다 오자 생각하고 가방을 꾸려 집을 나섰다. 오전에는 약간 흐렸지만 출발할 때는 날씨가 나쁘지 않았다. 날씨 예보에도 오후 3시 이후에나 비 소식이 있다고 하니 얼른 다녀 와야겠다고 생각했다. 호기롭게 출발한 산행이 산 중턱에 오르고서야 뭔가 잘못되었다는 생각이 들었다. 산 입구에 그 많던 사람들은 다 어디로 갔는지 보이지 않았다. 그나마 자주 다니던 산이어서 길을 알기에 큰 걱정은 없었지만 적막함에 무서움이 몰려왔다. 때마침 정상을 찍고 내려올 때쯤 비구름이 몰려왔다. 순식간에 억센 비가 내리기 시작했고 곧 어두컴컴해졌다. 내려가야 할 길은 한참인데 어디를 봐도 인기척이 없다. 비를 홀딱 맞고 급한 마음에 발걸음이 빨라졌다. 너무 무서워 남편에게 전화를 걸었다.

"여보 여기 산 중턱 어디인지 모르겠는데 비는 오고 캄캄해서 너무 무서워. 어떡하지?"

이쯤 되니 남편이 화를 내는 소리도 정겹다. 비가 많이 내려 핸드폰 통신 상태도 좋지 않아 오래 들고 있을 수도 없었다. 그렇게 잠깐의 통화를 마치고 혼자 산에서 내려오는데 정말 많은 생각이 스쳐지나갔다. 사방이 어두우니 평소에 알던 길임에도 어디가 어딘지 헷

갈렸다. 한참 몸을 움츠리며 내려오다가 뒤에서 인기척이 들려 화들짝 놀랐다. 희미하게 보이는 두 사람이 우비를 입고 다가왔다. 나이가 지긋해 보이는 부부였다. 얼마나 기뻤던지, 다행히도 그 부부와 함께 내려올 수 있었다. 그날 집에 도착한 후 남편에게 엄청나게 잔소리를 들었지만 그 소리가 기분 나쁘지만은 않았다.

　　한 번은 혼자 영화를 보러 갔다. 보통은 친구와 영화를 함께 보지만 다니던 일을 그만두고 시간이 많아졌기에 갑자기 영화나 보고 올까 싶었다. 급하게 집안일을 끝내놓고 영화관을 찾았다. 평일 아침 10시 50분, 무슨 영화를 볼지도 정하지 않고 바로 볼 수 있는 영화를 예매한 뒤 자리에 앉았다. 영화 시간이 다 되어가고 광고도 끝났지만 들어오는 사람이 없다. 뭔가 분위기가 이상했다. 한참을 기다려도 사람들의 인기척이 없다. 그러다 광고가 끝나고 영화가 시작되었다. 결국 혼자 영화를 보는 내내 집중을 할 수가 없었다. 영화관 서라운드는 어찌나 크고 공포가 느껴지는지, 적막함과 서늘함에 또 무서움이 찾아왔다. 뒤에서 누군가가 나를 끌어당기는 것 같았다. 하지만 뒤를 쳐다볼 수도 없었다. 산에서처럼 나를 구원해 줄 누구도 없었다. 영화 중간에 나가고 싶었지만 그럴 용기도 나지 않았다. 그런데 신기하게도 두 번째라 그런지 무섭다는 생각이 들면서도 이런 생각도 들었다. '그래 내 평생 영화관에서 혼자 영화를 보는 경험을 몇 번이나 하겠어. 독채 얻었다고 생각하자.' 생각과 달리 무서움은 여전했다. 지금도 영화 제목과 내용이 전혀 기억에 없는 걸 보면 스토리는 없고 경험만 남았나 보다.

인간은 익숙하지 않은 것에 대한 두려움이 있다. 그리고 낯선 곳에서 느끼는 오싹함이 있다. 그 두려움 때문에 망설이는 인간 심리는 어찌 보면 당연한 것인지도 모른다. 잘 아는 곳도 어둡거나 혼자일 때는 무서움을 느끼는데, 처음 가본 곳, 경험하지 않은 낯선 곳에서의 낯선 느낌은 여전히 오싹하다. 그러나 그 마음을 이겨내고 낯선 곳에 발을 내디딘 순간, 우리는 새로운 경험과 마주하게 된다. 새롭고 낯선 것은 설렘과 두려움이 공존한다. 이런 순간들이 진정한 나를 만날 수 있는 기회다.

우리는 익숙한 일상에서 종종 자신을 특정한 틀에 맞추며 살아간다. 자신에게 주어진 역할과 기대에 맞추느라 큰 변화 없이 그 안에서 편안함을 느낀다. 하지만 낯선 곳에 가면 편안함은 온데간데없다. 낯선 곳에서의 시간은 내면의 나와 대화하는 귀중한 시간이 된다.

헬렌 켈러는 "삶은 모험이거나 아무것도 아니다. 시련은 우리를 약하게 만들거나 강하게 만든다. 우리의 선택에 달려 있다"라고 말했다. 헬렌 켈러의《사흘만 볼 수 있다면》에 따르면, 우리는 삶을 대하는 우리 자신의 무관심한 태도를 알아채지 못한다. 하지만 헬렌 켈러는 시각과 청각을 잃었지만 남은 감각만으로 자연의 가치를 느끼고 공감했고 보이지 않는 사람만이 느끼는 시각을 다채롭게 표현하며 모든 감각에 집중하며 글을 썼다.

멀쩡한 두 눈, 두 귀를 통해 무엇을 보고 싶은지, 무엇을 경험하

오십의 태도

고 싶은지, 오늘 특별한 경험은 어떤 것인지 다시 한번 나에게 묻는
다. 낯선 경험이 낯설지 않은 날이 오기를 바란다. 여전히 새로운 경
험은 계속될 것이고 그렇게 혼자만의 시간은 적막함과 어둠을 마주
하며 나를 조금씩 비워내고 이겨내는, 나만의 자유와 마주하는 시간
이 될 것이다. 낯선 곳에서의 새로운 경험은 원하든 원하지 않든 또
다른 용기에 마중물이 되어줄 것을 안다. 익숙하지 않은 낯선 곳에서
나는 틀에 얽매이지 않는 사색가가 되어간다.

　　낯선 곳의 느낌을 경험하는 또 하나의 도구가 있다. 바로 책이
다. 책은 닫혀 있던 나의 사고를 일깨워준다. 단순히 글자를 읽는 것
을 넘어 다양한 경험과 감정을 체험하게 해준다. 책은 실제로 경험하
지 못한 상황과 장소를 보여주며 알지 못한 세계로 인도한다. 작가가
느끼는 감정과 감각 등을 글을 통해 만나게 되며 경험해 보지 않고는
알 수 없는 상상력과 모험의 세계를 탐험하게 한다. 역사적 배경을 가
진 소설이나 작가의 사색이 담긴 짧은 시에 함축된 마음과 표현에 공
감하기도 하고 공상이나 웹소설은 즐겨 읽지 않지만 미래의 시간과
공간을 경험하게 하기도 한다. 이런 낯선 것들이 책을 읽을수록 낯설
지 않게 느껴진다. 책과 함께하는 사색의 시간은 낯선 곳에서 나를 만
나는 소중한 시간이 되어준다.

더 좋은
시기는 있다.
그러나
늦은 시기는
없다

책을 읽다 보면 불편한 점이 하나 있다. 눈이 침침하고 잘 안 보인다는 것이다. 나에게 누군가가 젊은 시절로 다시 돌아가겠냐고 물어본다면 "아니요"라고 대답하겠지만 눈만큼은 젊은 시절이 그립다. 오십이 넘으니 다양한 증상이 찾아와 불편함을 겪지만 대표적인 것 하나가 노안이다. 나는 원래 눈이 좋았다. 시력검사를 하면 1.5는 기본이고 2.0까지 나올 때도 있었다. 지금도 멀리 있는 것은 너무 잘 보인다. 오십이 되기까지 눈으로 어려움을 겪는 일이 없었기에 갑자기 찾아온 노안은 굉장히 불편했다. 눈이 나쁘면 안경을 쓰거나 라식수술을 고려해 볼 텐데 지금도 멀리 있는 것은 너무 잘 보이기에 그런 것은 아직 고려하지 않고 있다.

문제는 그렇게 젊고 눈이 좋을 때는 책을 읽지 않다가 노안이 온 지금 책을 너무 열심히 읽는다는 것이다. 그러니 책을 읽을 때는 돋보기를 쓸 수밖에 없다. 다초점 안경을 맞춰보기도 했지만 어지럽고 불편해 잘 맞지 않는 느낌이다. 평소에는 눈이 너무 좋으니 안경을 쓰는 게 익숙하지 않아서 그런 것일 수 있다. 책을 읽을 때나 중요한 문서를 볼 때 외에는 돋보기도 쓸 일이 많지 않다. 그렇게 노안이 오고 안경도 세 개나 맞췄다.

몇 년 전 언니들이 노안이 와서 핸드폰을 멀리 보고 돋보기를 쓰는 걸 보았다. 나이는 먹었어도 동안인 언니들이 돋보기를 끼고 글을 보는 모습에 웃었던 기억이 있다. 그때는 실감하지 못한 일이 지금 나에게 똑같이 나타나는 것을 보며 이제는 놀랍지도 않다. 언제부터인가 휴대전화 글씨 크기를 확대하고 작은 글씨가 안 보이기 시작하면서 나이가 드는 것을 실감하게 된다.

돋보기를 쓰고 책을 읽고 글을 쓴다는 것은 여러 가지 어려움을 동반한다. 오래 보면 눈이 침침하기도 하고 금방 피곤해진다. 돋보기가 없으면 흐려서 잘 안 보이니 돋보기 없이는 스마트폰도 책도 작은 글씨도 볼 수 없다. 그런 나를 보고 딸들은 "뭐야, 엄마 할머니 같아. 안경을 코에 걸지 말고 바로 써요"라고 하는데 예전에 내가 언니들을 보며 했던 말이다.

누구나 자신이 직접 겪은 일이 아니면 그에 대한 어려움을 다 안다고 말하면 안 된다는 걸 깨달았다. 그저 아는 척할 뿐 잘 모른다. 돋보기안경을 쓰면서 왜 코밑까지 내려서 보는지 해보니까 알 것 같다.

할머니처럼 안경을 내려쓰는 게 남이 보면 우스꽝스러워도 하는 사람은 필요에 의해서 하는 것이다.

기사에 따르면, 요즘은 30대 후반에도 젊은 노안이 발생하고 있다고 한다. 디지털 기기 사용량이 급증하면서 이런 현상이 빈번해지고 불균형한 식습관과 스트레스, 음주, 흡연도 가속 노화를 일으켜 노안 발생률을 높일 수 있다는 것이다. 가끔 딸들이 불을 다 꺼놓고 어두운 곳에서 핸드폰을 하는 모습을 볼 때면 잔소리를 해주고 싶지만 꾹 참는다. 나 역시 불편하지 않을 때는 그것의 소중함도, 잘 관리해야 하는지도 모르지 않았던가. 그저 더 나이가 들기 전에 책에 대한 관심도가 높아져서 책을 더 읽었으면 하는 바람이 있을 뿐이다.

뒤늦게 읽기 시작한 독서의 매력에 빠져 요즘은 돋보기를 쓰는 게 일상이 되었다. 이런 불편을 감수하고도 책을 읽다 보면 문득 그런 생각이 든다. 분명 무엇을 하기에 늦은 시기는 없지만 좋은 시기는 있다는 것이다. 그 시기가 지나고 나서야 알게 되는 것이 안타깝지만 지금이라도 책을 읽고 사고를 확장할 수 있다는 것은 감사한 일이다.

블로그에 글을 쓰다 보면 여러 이웃을 만난다. 블로그의 특성상 글을 많이 쓰기 때문에 책을 읽는 이웃들이 많다. 그런 이웃들과 소통하다 보면 책의 깊이나 이력이 꽤 높은 이웃들이 있다. 그 이웃의 블로그에 가서 글을 읽다 보면 나의 부족함을 느낀다. 그럼에도 불구하고 스스로 자존감을 세울 수 있는 것은 나 역시 도움이 되는 책을 꾸준히 읽고 있기 때문이다.

2012년쯤 재레드 다이아몬드의 《총, 균, 쇠》와 마이클 샌델의 《정의란 무엇인가》를 구입했다. 아마 베스트셀러로 유명했던 책이라 읽어보려고 구입했을 것이다. 그러나 이 책들은 색이 바래 책장에 꽂혀 있을 뿐 다시 읽지 못하고 있다. 마음은 있지만 새로운 책이 계속 나오는 요즘은 다시 읽는다는 게 조금은 어렵다. 나의 관심사보다는 사회의 관심사에 맞춰 책을 구입하고 베스트셀러라는 기대로 책을 구입하다 보니 늘 몇 페이지를 넘기지 못하고 다시 책장으로 들어갔다. 본격적으로 책에 흥미를 갖게 된 계기는 주식과 부동산 관련 책을 읽으면서다. 주식 책과 부동산 책은 어려운 용어가 많아 생소한데도 직접 투자를 하고 궁금한 내용을 책을 통해 알게 되니 신기하게도 한 권을 읽는 게 어렵지 않았다. 한번 읽는 것도 모자라 반복해서 읽는 경험도 하게 되었다.

1년 전 두꺼운 책 읽기에 도전했다. 토니 로빈스의 《네 안에 잠든 거인을 깨워라》라는 책이었다. 몇 년 동안 자기계발서를 읽고 흥미를 가졌기에 제법 두꺼운 책인데도 포기하지 않고 읽었다. 아마도 예전의 나였다면 금방 포기했을 것이다. 이 책에도 그런 문구가 있다. "이 책을 산 사람 중 1장을 넘긴 사람은 10% 이상인 사람인 것이다." 이런 문구를 넣은 것을 보면 분명 어떤 책을 읽고 자신의 것으로 만들기 위해서는 분명 좋은 시기가 있다고 느낀다.

독서가 주는 효과는 모두 다를 것이다. 지식의 깊이와 지혜의 넓음이 모두 같을 수 없다. 똑같은 책을 읽고도 어떤 이에게는 좋은 책

오십의 태도

이 될 수 있고 또 어떤 이에게는 그저 그런 책이 될 수 있는 것처럼 지금 자신에게 필요하고 도움되는 책을 읽으면 그만이다. 자신의 관심사와 흥미에 맞는 책을 읽어보자. 돋보기를 끼고라도 읽으려는 무언가의 가치를 모두 느꼈으면 좋겠다.

소크라테스는 "남의 책을 많이 읽어라. 남이 고생하여 얻은 지식을 아주 쉽게 내 것으로 만들 수 있고 그것으로 자기 발전을 이룰 수 있다"라고 말했다. 분명 더 좋은 시기는 있어도 늦은 시기는 없다.

중년의 뇌가
가장
훌륭하다

뭔가를 하려고 했는데 그게 뭐였지 하고 생각이 나지 않을 때가 있다. 대화를 나누다가도 머릿속에 단어가 맴돌기만 하고 생각나지 않는다. "그거 있잖아, 그거"라며 얼버무리기 일쑤다. 가끔 부모님을 뵈러 갔다 올 때면, 아무 생각 없이 놓고 온 휴대폰 때문에 말썽이다. 집에 거의 다 왔을 때 부모님 전화를 받고서야 알아챈다. 휴대폰을 놓고 왔다는 걸 알고 되돌아가는 일이 몇 번 반복되니 가족들은 걱정 아닌 화를 낸다. 가끔은 나 스스로 불안할 때도 있다.

"정신을 어디에 놓고 다녀! 나이 들수록 더 신경 써야지!"

"엄마, 한두 번도 아니고 잘 챙겨야지!"

가족들이 한마디씩 하면 나도 모르게 나이 탓을 하게 된다.

"나이 먹어서 그래. 미안해, 신경 쓸게. 너도 내 나이 돼봐."

지금까지는 이런 건망증을 나이 탓이라 생각했는데, 그렇지 않다고 생각하게 된 책이 한 권 있다. 〈뉴욕타임스〉의 의학 전문기자 바버라 스트로치가 쓴 《가장 뛰어난 중년의 뇌》다. 중년의 뇌는 강력한 시스템을 만들어 복잡한 문제라도 쉽게 해결책을 찾아내며 패턴을 잘 인식하기 때문에 그 어떤 연령보다 신속하게 상황을 파악한다는 것이다. "뇌는 나이 들면서 더 훌륭해진다"라는 메시지를 주는 책이다.

우리는 흔히 나이가 들었다는 이유로 많은 것을 포기하고 주저한다. 무기력해지고 나이가 들어 할 수 있는 게 없다고 생각한다. 나만 해도 "나이 들어서 그래. 우리 나이에 그러는 게 당연하지"라는 말을 습관처럼 내뱉고 다니다가 이 책으로 고정관념이 깨졌다. 오십을 시작하는 나이에 이런 책을 읽게 되어 무척 감사했다. 이 나이에도 노력하면 더 좋아질 수 있다는데 무엇이 문제일까?

책에 소개된 과학자들은 중년의 뇌를 새로운 시각으로 바라보며 과학적인 연구 결과를 토대로 설명한다. 그러면서 중년의 뇌는 더욱 긍정적인 것에 주의를 기울이고 잘 기억하며 큰 그림을 잘 보며 더 쉽게 주제를 이해하고 더 잘 기억한다는 것이다. 실제로 심리학자 셰리 윌리스가 실시한 연구는 인간의 뇌는 나이 들수록 인지 능력이 더 좋아진다는 사실을 보여준다. 미국 시애틀 세로연구소는 1956년부터 40년간 7년마다 6,000명을 대상으로 뇌 인지 능력을 검사했고, 그 결과 놀라운 사실을 밝혀냈다. 20~90세까지 다양한 직업을 가진 남녀 참가자 중에서 40~65세, 즉 중년의 뇌가 판단력, 어휘력, 직관, 통찰

오십의 태도

력에서 단연 최고의 수행력을 보였다는 것이다. 중년은 정보 처리 속도와 세부 사항을 기억하는 정확도, 주의력 등에서는 20대의 뇌보다 다소 떨어지는 건 사실이나 종합적인 사고 능력 차원에서는 '뇌의 전성기'에 해당한다는 것이다.

몸의 근육을 쓰지 않으면 금방 없어져 힘쓰기가 어렵듯, 뇌도 쓰지 않으면 기능이 저하된다. 그런 의미에서 생각해 보면 지금까지 나는 나이가 들어서 그렇다고 인정하는 꼴밖에 되지 않았다. 아닌 게 아니라 오십은 나이를 의식하게 되기도 하고 몸의 변화를 느끼기도 한다. 그동안 느끼지 못했던 신체적 반응을 경험하기도 하고 언제부터인가 기억력이 저하되어 방금 두었던 물건을 찾기도 한다. 말하려는 의도를 잊어버려 내가 지금 무슨 말을 하려고 했나 싶을 때도 한두 번이 아니다.

그러나 중년의 뇌는 순발력은 다소 떨어지지만 복잡한 상황에서 문제를 발견하는 능력, 전체적인 그림을 보고 이끌어가는 능력, 핵심 파악 능력, 위기 대처 능력은 가장 뛰어나다. 나이가 들어 순발력은 다소 떨어지고, 신체 변화로 무력감을 느끼기도 하지만, 어찌 보면 중년의 나이는 위기가 아닌 기회로 볼 수 있다는 생각도 들었다. 오십이 되고 나는 책을 읽었다. 그동안은 바쁜 일상을 살아내느라 그럴 여유가 없었다고 핑계를 대며 읽지 않았지만 지금은 우선순위에 책 읽기가 있다. 책은 인생을 살아오면서 쌓인 경험을 토대로 더 깊이 있게 사고하는 능력을 키워주었다.

20년 전 읽었던《부자 아빠 가난한 아빠》를 최근 다시 읽었다. 누렇게 변한 책이 세월을 말해준다. 최근 개정판이 출판된 것을 보면서 세월을 실감하고 있다. 그리고 느끼는 한 가지, 사람은 그때그때 느끼는 감정과 사고가 다르다는 것이다. 똑같은 책인데도 20대에 읽었을 때와 50대에 읽었을 때는 감정과 사고가 다르다. 이래서 인생에는 연륜이 필요하구나 싶다. 지금의 사고로 20대에 이 책을 읽었다면 분명 또 다른 선택과 결정을 하지 않았을까.

나라마다 기준이 다르지만 보통 40세에서 65세를 중년으로 본다. 노령 인구가 늘어나는 초고령 사회에서는 중년의 인구가 늘어날 수밖에 없고 최근 들어 중년의 영향력은 무시할 수 없을 정도로 커지고 있다. 요즘 출간되는 책에 중년의 나이를 드러내는 키워드가 많은 것도 이런 사회적 현상 때문이 아닐까?

《가장 뛰어난 중년의 뇌》에서 강조하는 부분이 하나 있다. 중년의 뇌가 아무리 탁월하다고 해도 나이가 들면서 저절로 똑똑해지는 것은 아니라는 것이다. 젊은 시절 얼마나 뇌를 잘 썼느냐가 중년의 뇌를 결정한다. 마찬가지로 중년이라는 긴 시간을 어떻게 보내느냐에 따라 노년의 뇌 기능 또한 차이가 날 수밖에 없다.

이 책을 소개하는 이유는 많은 중년 여성이 나처럼 나이 탓만 하며 자신의 뇌를 방치하기보다는 중년의 장점을 발휘해 어떻게든 똑똑하게 뇌를 쓰며, 건강하게 나이 드는 방법을 한 번쯤 생각해 봤으면 좋겠다는 바람 때문이다. "인생을 축구 경기에 비유하면 중년은 전반전과 후반전 사이의 하프 타임이다"라는 글을 봤다. 전반전만큼이나 긴 인생의 후반전을 활기차게 살아가려면 중년의 시기를 잘 보내야 한다. 100세 시대 중년의 시간이 길어진 만큼 어떻게 이 시기를 잘 보내야 할지 고민해야 할 필요성을 느낀다.

몇 년 전부터 시작한 독서는 새로운 지식을 습득하게 해주고 사고의 폭을 넓히는 데 중요한 도구가 됐다. 처음 책을 읽고 느낀 것은 누군가와 대화할 때 말의 언어가 조금씩 바뀌고 있다는 것이었다. 일부러 아는 척을 하거나 책 내용을 생각하지 않지만 언젠가 읽고 사색했던 글귀가 생각나 나의 견해가 되곤 한다.

처음에는 책을 읽으면서 자꾸만 깜박깜박하는 게 걱정이 돼서 치매 예방에 도움이 되겠지 하며 열심히 읽었다. 실제로 독서는 기억력 유지에 도움을 준다. 독서는 뇌의 다양한 영역을 활성화해서 시각적 정보를 처리하는 영역과 언어를 이해하고 기억하는 영역이 활성화된다고 한다. 뇌의 신경망을 자극하고 강화해 기억력을 유지하는 데도 도움을 준다. 책을 본격적으로 읽게 된 것은 몇 년 되지 않았지만 그사이 나에게도 많은 변화가 생겼다. 예전에는 말을 할 때 "그거 있잖아, 그거"라는 말을 자주 사용하고 특정 단어가 기억나지 않을 때는 대충 얼버무리며 말하곤 했다. 지금은 말하기 전에 내용을 정리한 뒤 이야기한다. 덕분에 독서의 효과를 조금씩 느낀다. 오십에 새롭게 책을 읽는다는 것은 많은 어려움을 동반한다. 나 역시 그랬으니까. 신체적 어려움도 있고 정신적으로도 책에 마음을 열지 않으면 좀처럼 책과 가까워지기 어려운 것도 사실이다. 그럼에도 불구하고 우리는 중년의 훌륭한 뇌를 방치해서는 안 된다. 중년의 뇌가 아무리 탁월해도 저절로 똑똑해지는 것은 아니라고 하지 않는가? 중년의 뇌가 좀 더 유연해지고 기능이 떨어지지 않도록 좋은 자극을 주어야 한다.

하루 중 많은 시간을 들이지 않아도 된다. 한동안 바쁜 일과로 나 역시 간단한 책 읽기를 했다. 아침 식사 후 오전 8시경 책 읽기와 필사를 한다. 매일 의미 없이 보는 홈쇼핑을 끊기 위한 자구책으로 '오전 8시 책 읽고 필사'를 정해놓고 하다 보니 이제는 오전 책 읽기가 루틴이 되어가고 있다. 오전 8시에 하는 책 읽기와 필사는 많은 페이지를 읽지 않고 한 주제만 읽고 간단하게 필사한다. 걸리는 시간은 고작 30분에서 길면 한 시간이다. 그것도 사색하는 시간이 길어서 그렇지 책을 읽는 데는 30분이면 충분하다. 매일 30분 책을 읽는다는 것이 지나고 보면 꽤 큰 결과를 보여준다.

하루 30분 자신을 위한 독서로 뇌의 노화를 늦추고 기억력을 향상시키는 데 투자해 보자. 노년에 걱정하는 치매에서 조금은 멀어지지 않을까?

PART
4

오십에
시작하는

나를 위한
글쓰기

나의 삶이
　글이 되는
순간

글을 쓰고 싶다는 것은 그만큼 잘 살고 싶다는 증거다. 나 또한 처음부터 글을 쓸 수 있다고 생각했던 것은 아니다. 직장을 그만두고 무료함을 달래려고 본격적으로 책을 읽기 시작했고 그 책이 어느덧 200여 권이 넘는다. 처음 글을 쓰기 시작한 것은 책을 읽고 기억에 조금이라도 남기기 위한 궁여지책으로 블로그에 서평을 쓰기 시작한 것이었다. 그저 책의 내용에 내 생각을 조금 더 추가해서 썼을 뿐인데 읽는 사람이 생기고 공감과 댓글이 달리자 흥미로웠다. 누군가 내 블로그에 방문할 수 있다는 것도 처음에는 전혀 생각하지 못했다. 지금처럼 블로그 이웃이 늘어날 거라고도 상상하지 못했다. 지금은 1년에 50여 권의 책을 읽는다. 그런데 책을 읽은 후 얼마 지나지 않아 내용이 기억나지 않으니 어떻게 하면 좀 더 기억을 잘할 수 있을까 고민했다.

책을 읽을 때 인상 깊은 문장에 밑줄을 긋고 한 번씩 밑줄 그은 부분을 찾아 읽는다. 책에서 중요한 문장을 글로 남기고 거기에 내 생각을 조금 더해 글을 쓰면 책의 내용을 조금은 나의 것으로 만들 수 있다.

나는 글 쓰는 걸 좋아했다. 중학교 때부터 공책에 좋아하는 시인의 시를 적고 그림을 그렸다. 엽서를 써서 친구에게 주기도 하고 사춘기 때는 친구들의 연애편지를 대신 써주기도 했다. 고등학교 때는 친한 친구들과 꾸준히 편지를 주고받았고 연애 시절에도 주고받은 편지가 한가득이다. 결혼하고도 신줏단지처럼 아끼며 가지고 다녔던 학창 시절의 노트와 편지 모음집이 20권 정도 있었다. 5년 전 미니멀라이프를 실천하겠다며 모두 정리하고 없애 지금은 아쉬운 마음이 든다. 그때는 사는 게 힘들어 찾아볼 여유도 없었는데 지금 글을 쓰면서 생각해 보니 그때 적었던 글과 편지를 버리지 않고 두었다면 나의 생각과 감정을 다시 한번 느낄 수 있었을 텐데 싶어 아쉬울 따름이다.

블로그를 시작한 지 어느덧 2년이 되어간다. 처음 블로그를 시작할 때만 해도 지금처럼 글쓰기에 진심이 될 줄 몰랐다. 책을 읽고 서평을 쓰는 것도 좋아하지만 언제부터인가 나의 일상과 삶을 기록하는 글쓰기를 하고 있다. 책 서평을 남기면서 좋은 글, 좋은 내용을 쓸 때는 마음이 단정해지는데, 나의 일상과 삶을 쓸 때는 마음이 뜨거워진다. 물론 글을 쓴다는 건 재미있으면서도 힘들 때가 있다. 무언가를 쓰기 위해서는 생각 정리가 필요하고, 하고 싶은 말을 글로 다 할 수도 없는 터라 쓰면서도 '이렇게 쓰는 게 맞나?' '이런 글을 써도 될까?' 하고 하루에도 몇 번씩 생각하게 된다.

작년쯤에 우연히 유튜브에서 김종원 작가가 나온 영상을 봤다. "삶이 글이 되고 글이 삶이 된다. 글을 쓰고 싶다는 것은 그만큼 잘 살고 싶다는 증거다. 쓰는 만큼 더 나은 인간이 된다"라는 말이 마음에 와닿아 메모를 남겼다. 이 말을 듣고 남의 이야기가 아닌 나의 이야기를 진심으로 쓰고 싶다는 생각을 가지게 되었다.

한번은《부를 끌어당기는 글쓰기》의 저자인 부아C 작가의 블로그 글을 보면서 100일 글쓰기 프로젝트에 참여하게 되었다. 매일 글을 쓰고 100일 프로젝트를 완성한 그날 환호성을 질렀다. 프로젝트에 참여하기 전 2024년 1월 1일부터 하루도 빠짐없이 글을 써서 포스팅을 하고 있었기 때문에 프로젝트에 참여해 끝나기 전에 100일 글쓰기는 이미 달성했다고 해도 과언은 아니었다. 이미 1일 1포스팅을 하면서 글을 쓴다는 게 어떤 의미를 가지며 어떤 영향을 주는지 알기에 100일 프로젝트가 끝난 이후에도 여전히 매일 글을 쓰고 있다.

1일 1포스팅은 생각보다 쉽지 않은 일이다. 그러나 새로운 도전은 늘 힘들기도 하지만 성장에는 꼭 필요한 원동력이 되기도 한다. 글을 쓰면서 글이 주는 힘을 알게 되었다. 좋은 글은 자신뿐만 아니라 타인에게도 공감을 불러오고 위안을 주기도 한다. 1일 1포스팅은 좋은 글을 쓰기 위한 워밍업이었다. 매일 글을 쓰고 나와의 약속을 지키며 100일의 글을 달성한다는 것은 꾸준히 글을 쓰기 위한 마중물이 된다. 어떤 계기로 시작하게 되었든 그것은 자신과의 약속이며 어떻게 마무리하느냐도 자신의 선택과 행동에 달려 있다.

　매일 글을 쓰면 자신을 돌아볼 기회가 많아진다. 생각 없이 하던 말도 글을 쓰면서 반성하게 되고 하고 싶은 대로 하던 행동도 글을 쓰면서 다시 보게 된다. 매일 글을 쓴다는 것은 분명 더 나은 인간이 되기 위한 과정인 것이다.

　나는 글을 쓰기 전에는 정확한 목표를 그리며 삶을 살지 못했다. 늘 바쁘게 살아왔고 나보다 가족을 위해 많은 시간을 썼지만 나를 위한 목표는 없었다. 사람은 자신이 그린 대로 삶을 살아간다고 한다. 지금까지의 삶도 충분히 잘 살아왔지만, 글을 쓰면서 지금보다 더 충만한 삶을 살 수 있다는 생각이 든다. 삶의 무게 중심을 바깥에서 안쪽으로 옮겨와 내면을 들여다보고 깊이 있게 성찰할 수 있는 시간을 갖는 데 글쓰기는 최적의 도구다.

　얼마 전 블로그 이웃이 포스팅한 글을 읽었다. 20년 동안 다이어리를 기록하며 느낀 점을 주제로 쓴 내용이었다. 나는 무언가를 시작할 때 자주 마음에 새기는 문장이 있다.

　"네 시작은 미약하였으나 네 나중은 심히 창대하리라."

　그 이웃을 보면서 이 문구가 얼마나 어울리는 사람인지 생각해 보았다. 우리의 하루하루는 사소한 일로 이루어져 있다. 엄청나게 큰 사건이 매일 일어나지도 않거니와 매일 그런 일이 일어날 중대한 사건도 없다. 사소한 일상을 그저 반복하며 살아갈 뿐이다. 그러나 모든 성장은 사소한 것에서 시작한다. 20년 동안 다이어리를 쓰면서 20년을 쓸 거라고 생각하고 시작했다면 결코 쓰지 못했을 것이다. 그저 하루하루 최선을 다하며 기록하고 조금씩 성장해 온 작은 행동의 결과물이 모여 지금을 만드는 것이다.

나는 지금 매일 책을 읽고 글을 쓰고 운동을 하고 다이어리를 쓴다. 불과 몇 년 전까지만 해도 상상도 하지 못할 일이었다. 때로는 이 모든 것이 귀찮고 버거울 때도 있다. 할지 말지 고민을 하다가도 100일 동안 글을 쓰면서 내가 무엇을 좋아하고 무엇을 할 때 진정으로 행복을 느끼는지 알게 되었기에 결국 하게 된다. 한 번 글을 쓰기 시작하면 보통 1시간씩 걸리지만 그래도 글을 써놓고 보면 뿌듯하기도 하고 그렇게 쓴 글이 하나씩 모여 삶을 채우는 것도 좋다. 글을 쓰다 보면 생각나는 게 없는 날도 있다. 쓰기 싫은 날도 있다. 그래도 그냥 쓴다. 이제는 글을 쓰는 것이 제법 습관이 되었다. 어떤 일이 습관이 되었는가의 여부는 '그 일을 하려고 마음먹었을 때 거부감이 느껴지지 않는 상태가 되었을 때'라고 한다. 어떤 목표가 아닌, 나의 삶이 글이 되고 글이 삶이 된다는 김종원 작가의 말처럼 나는 그냥 글을 쓰는 사람이 되는 것이 좋다.

나만 모르는 나,
나를 알아가는
나

가끔은 나 자신을 얼마나 알까 궁금할 때가 있다. 그러면서 나는 어떤 사람인가라는 심오한 질문을 던져보기도 한다. 블로그에 글을 쓰면서 나름의 생각 정리가 필요했다. 저녁에 가족이 모여 식사하는 자리에서 이 생각 저 생각으로 궁금했던 나만의 질문을 넌지시 물었다.

"있잖아, 엄마가 잘하는 게 뭐라고 생각해?"

"엄마는 잘하는 거 많지. 정리 수납도 잘하지, 요리도 잘하지, 화초도 잘 키우지."

"그럼, 엄마 취미는 뭐 같아?"

"엄마 왜 그래 무슨 일 있어? 갑자기 왜 그래?"

"엄마 취미를 엄마가 몰라? 엄마는 운동 좋아하지, 책 읽기 좋아하지, 식물 기르기 좋아하지."

"참 요즘 하나 더 추가됐네. 엄마는 글 쓰는 것도 좋아하지."

"엄마는 고민할 걸 고민해야지. 누가 봐도 삶의 가치관이 뚜렷한 사람이 그런 걸 왜 물어요?"

큰딸이 거침없는 답변을 내놓자, 순간 당황스러웠다. 낮 동안 혼자 이 생각 저 생각으로 나라는 사람을 생각하고 있었는데 그랬던 것이 무안해졌다.

《논어》 위정편에서 공자는 말했다.

"그 사람이 하는 바를 보고, 그 말미암은 바를 관찰하며, 그가 편안하게 여기는 것을 살핀다면, 어찌 자신을 숨길 수 있겠는가?"

가족은 너무 당연한 듯 질문에 바로 대답한다. 마치 질문을 예상이라도 하고 있었다는 듯 가족의 반응은 모두 똑같다. 남편도 딸들도 고민하지 않고 내가 좋아하는 것, 잘하는 것, 요즘 관심사, 내 생각까지도 대답한다. 나를 잘 알아주는 가족에게 고마운 마음이 들기도 했지만, 한편으로는 왜 나는 나를 모르냐는 의구심이 들었다. 아니면 알면서도 뭔가를 확인받고 싶었던 것일까?

블로그에 글을 쓰기 전에는 나에 대해 깊이 생각하지 않았다. 일상적으로 하는 일이고 그동안 해왔던 일이니, 특별하게 내가 어떤 것을 좋아하고 잘한다는 생각은 하지 않았다. 물론 직장을 다닐 때만 해도 나에 대한 자신감이 있었다. 나는 누가 봐도 일을 잘하는 사람이라는 자만이라면 자만일 수도 있는 자신감이 있었다. 그러나 건강상 문제로 직장을 그만두고 가정주부로 지내다 보니 나에 대한 자신감이

오십의 태도

나 자존감이 떨어진 것도 사실이다. 온전한 나를 알고 나를 찾는다는 것이 지금의 나로서는 선뜻 표현하기가 쉽지 않았다. 가족의 반응에 힘입어 한 번 더 질문했다.

"그럼, 엄마는 직업이 뭘까?"

"엄마는 엄마의 직업이 뭐라고 생각해?"

"엄마? 가정주부."

"바로 나오는데 뭘 물어봐요. 엄마 혹시 가정주부가 싫은 거야?"

"뭐 다른 거 불리고 싶은 직업이 있어요?"

"아니, 그게 아니고."

"왜? 요즘 글 쓰니까 작가님이라고 불러드려요?"

큰딸의 대답에 할 말을 잃었다. 가족들은 웃으며 대화에 집중하고 있었지만 나는 또 생각이 많아졌다. 딸의 말처럼 가정주부가 아닌, 다른 무엇을 추구하고 싶었던 걸까? 늘 노력하며 살아왔고 성장을 꿈꾸며 배움을 실천했지만 직장을 그만두고 나이를 먹고 보니 뭐 하나 내세울 것 없는 나의 커리어가 마음에 들지 않았던 걸까? 지금의 나는 어떤 사람이고 무엇을 잘하고 무엇을 좋아하는지, 나만 모르는 나를 오롯이 알아가는 시간이 필요했다.

블로그에 글을 쓰면서 조금씩 나를 알아가고 있다. 내 생각과 그날의 감정과 지금의 내가 무엇을 좋아하고 무엇을 싫어하는지, 무엇을 원하고 무엇을 찾으려 하는지까지도. 가족들에게 내가 누구인지 묻는 질문은 다시 생각해 봐도 조금은 우습다. 나도 모르는 나를 가족들이 더 많이 알고 있다고 생각하고 그것도 질문이라고 물어봤으니. 물론 가족들의 대답이 도움이 된 건 사실이다. 그런 계기로 다시 나를 되돌아보게 되었으니까.

블로그 이웃 천 명을 넘긴 날, 블로그에 '말상민을 소개합니다'라는 주제로 글을 썼다. 단순히 내 생각과 일상을 적는 글을 쓰다가 처음으로 이웃들에게 나를 알리는 글을 쓰면서 많은 생각이 들었다. 나를 소개한다는 것은 분명 어려운 일이다. 포괄적으로 떠오르는 게 있지만 그것을 일목요연하게 정리해서 나를 소개한다는 것은 쉽지 않다. 스스로 자신을 잘 알고 있어야 진정한 소개를 할 수 있고 나를 어느 정도 인정해야 솔직하게 소개할 수 있다. 그리고 그런 소개를 해야 남들도 글을 보면서 공감하지 않을까?

지금까지 이렇게 진지하게 나에 대해 생각해 본 적이 있었을까 싶다. 가끔 정체성이 흔들릴 때 친구에게 "나는 어떤 사람일까"라고 물었던 적이 있다. "네가 생각하는 나는 어떤 사람이야?"라는 어려운 질문을 잘도 물었다는 생각이 든다. 지금 생각해 보면 친구는 얼마나 대답하기가 어려웠을까? 그러고 보니 나는 조금 상습적인 데가 있다. 뜬금없이 나 아닌 친구나 가족들에게 나를 묻고 대답을 얻고 싶어 했다. 스스로 자신을 알지 못하고 인정하지 못하니 남에게 대답을 듣고 싶어 했던 것이다. 이는 자존감이 낮기 때문이다. 자존감이 높은 상태에서는 누가 나를 어떻게 생각하든 별로 신경 쓰지 않는다. 아마도 내가 그런 질문을 할 때는 친구나 가족이 나를 알아주기를 바라는 의도

오십의 태도

가 다분했다고 할 수밖에 없다.

그런 내가 나를 돌아본다. 이 나이를 먹고 이제야 내가 누구인지 찾는 시간을 가진다. 책을 읽고 글을 쓰고 생각하면서 그동안은 남에게 물어본 나를 스스로 찾고 있다. 참 많은 변화다. 그 변화에는 책 읽기와 블로그 글쓰기가 있었다. 생각 없이 하던 말도 글을 쓰면서 다듬고 정리하는 일을 반복하다 보니 한 번씩 다시 묻게 된다. 여기에서 줄여야 할 말은 무엇이며 지금 내가 하는 생각 중에 쓸데없는 생각과 고민은 무엇인지를 묻게 된다.

오십이라는 나이는 어쩌면 자신이 어떻게 살지 선택할 수 있는 나이이기도 하다. 이전에는 경제적인 이유로 좋든 싫든 일을 해야 했지만 지금은 자녀들이 성장하면서 시간도 금전도 조금은 여유로워졌다. 동시에 무엇을 하고 살아야 할지 어떻게 살아야 할지가 고민되는 시기다. 나름 시간이 많아지고 마음에 여유가 생겨서 좋다가도 그런 여유 시간을 제대로 보내지 못하면 자칫 우울증이나 무력감에 빠져 갱년기를 심하게 앓기도 한다. 그런 오십의 나이에는 의도적으로라도 자신을 알아가는 시간이 필요하다. 그것이 나에게는 책 읽기와 글쓰기다. 오십은 나만 모르는 내가 아닌, 나를 알아가는 나로 채워가기 좋은 나이다.

글을
쓰는
가치

"죽어서 육신이 썩자마자 사람들에게 잊히고 싶지 않다면, 읽을 만한 가치가 있는 글을 쓰든지, 글로 남길 만한 가치가 있는 일을 하라."

벤저민 프랭클린은 이렇게 말했다.

블로그에 글을 쓰면서 버릇이 하나 생겼다. 네이버에 내 블로그 이름인 '말상믿'을 검색하는 것이다. 가끔 '말상믿'이 무슨 뜻이냐고 물어보는 지인들에게 나는 친절하게 답한다. '말하는 대로, 상상한 대로, 믿는 그대로'의 앞 글자 '말상믿'이라고. 처음 이름을 지을 때만 해도 발음이 어렵고 흔하지 않아 고민했다. 하지만 어떤 이름으로 바꿔 봐도 말상믿에 마음이 갔다. 매일 되뇌는 문장이어서 그런지 들을수록 정감이 가고 좋았다.

어느 날 블로그 이웃 글에서 자신의 블로그 이름을 포털에 검색하면 다른 비슷한 이름이 떴는데 드디어 그 이름을 이겼다는 글을 읽고 호기심에 검색창을 열어 '말상민'을 검색했다. 연예인들이 무명으로 있다가 유명해졌을 때 자신의 이름을 포털 검색창에 쳐서 첫 번째로 뜨면 기분이 좋다는 말은 들었지만 내 이름을 검색해서 네이버에 뜬다는 건 미처 생각하지 못했다. 그것도 '말상민'을 검색하면 바로 글이 뜬다는 것은 어떻게 말로 표현할 수가 없었다. 그날 이후부터 한 번씩 블로그 이름을 검색해서 뜨는 글을 보았다. 블로그에 들어가서 보는 글과 네이버에 검색해서 뜨는 글이 다르지 않은데도 뭔가 특별해진 기분이었다.

한동안 검색하지 않았던 블로그 이름을 쓰고 검색을 눌렀다. '어, 이건 뭐지. 내가 쓴 글이 아닌데' 하고 들어가 봤더니 얼마 전에 블로그 이웃이 된 이웃님의 글이었다. 무슨 글일까 궁금해 한참을 읽어 내려가다가 감동의 물결이 밀려왔다. 내가 블로그에 포스팅한 '내 삶을 풍요롭게 하는 것들'을 읽고 와닿는 구절을 인용하며 쓴 글이었다.

블로그에 글을 쓸 때는 늘 자기 검열을 하려고 노력하지만, 글이라는 것은 자기 검열을 한다고 해도 결국 그 정도의 글이 된다. 이런 사소한 글을 써도 될까를 하루에도 몇 번씩 고민한다. 그런 와중에 본 블로그 이웃의 글은 나를 감동시키기에 충분했다. 이런 글 하나가 어떤 사람에게는 힘이 되고 공감을 줄 수 있구나 싶었다. 이웃이 된 지 얼마 되지 않았고 이분이 어떤 분인지 잘 모르지만 내 글을 읽는 누군가를 위해 좋은 글을 써야 한다는 마음가짐을 가지게 되었다. 내가 쓴

오십의 태도

글이 누군가의 마음속에 전달되어 좋은 영향을 줄 수 있다면 그것보다 행복한 것이 또 있을까. 내가 쓰는 글이 모든 사람에게 공감을 줄 수는 없어도 누군가에게는 좋은 영향과 자극을 줄 수 있다고 생각하니 글을 쓰는 행위가 더욱 가치를 가지게 되었다.

얼마 전 브런치 스토리에 연재한 '열정보다 마음의 근력을 키워야 하는 이유'라는 제목으로 쓴 글이 조회수 30,000회를 달성했다는 알림을 보고 깜짝 놀랐다. 아침부터 조회수 1,000회를 달성했습니다, 한 시간 후 조회수 3,000회를 달성했습니다, '이거 뭐지' 하고 생각하는 순간 7,000회, 9,000회를 넘어 10,000회를 달성했다는 알림 문자를 보고 흥분이 됐다. 그로부터 며칠 후 30,000회 달성이라는 알림을 받았다. 순식간에 30,000회 달성이라는 알림을 보고 생각했다. 이 많은 사람이 나의 글을 보고 어떤 생각을 했을까? 누군가는 그저 그런 글로 대충 보고 갔을 테고, 누군가는 한 구절이라도 마음에 닿아 좋은 자극을 받았을 수도 있다. 사람의 생각은 모두 다르다. 그때그때 자신이 처한 상황에 따라 한 문장, 한 구절이 다르게 느껴질 것이다. 어떤 연유로든 내가 쓴 글이 마음에 와닿는다면 무슨 말이 필요하겠는가? 그것이 무엇이든 상관없다. 그저 나의 이야기로 글을 써보겠다고 생각했고 누군가가 나의 글을 읽으면서 공감하면 그뿐이다.

한번은 종일 생각해도 글을 쓸 제목이나 주제가 떠오르지 않았다. 오후가 지나고 저녁이 되어서야 텃밭에서 딴 고추로 만든 고추청에 대한 글이나 올려야겠다 생각하고 대충 사진을 찍고 글을 써서 올렸다. 그런데 지금껏 브런치에 올린 글 중에 최고의 조회수와 공감, 댓글이 나왔다. '여름 텃밭 고추로 고추청 만들기'라는 제목으로 쓴 글은 조회수 140,000회를 기록하고 마무리가 되었다.

김미경 강사는 기회는 항상 순간에 찾아온다고 했다. 자신에게 오는 기회를 잡으려면 늘 준비하고 있어야 하고 그런 기회를 잡으려면 자신의 재능을 촘촘한 그물로 짜서 역량을 키워야만 어떤 기회가 왔을 때 그물에 걸러 건져낼 수 있다는 말이다.

처음 블로그에 글을 쓸 때는 이렇게 많은 시간을 들여 글을 쓰는데 뭐 하나 진전이 없고 변화된 모습을 찾기 어려워 답답한 마음이 들기도 했다. 그럼에도 좌절보다는 글을 계속 쓰고 정말 쓸 얘기가 없어도 '그냥 오늘만 쓰자. 뭐라도 쓰자'라는 생각으로 글을 쓰니 또 이런 경험도 하게 된다. 우리는 어떤 것을 하면서 기대와 정성을 들여 하는 것이 있고 또 어떨 때는 하기 싫은 것을 대충 할 때도 있다. 모든 것에 다 정성을 들일 수는 없는 노릇이니 이는 당연한지도 모른다.

요즘 김종원 작가의 《인간은 노력하는 한 방황한다》라는 책을 필사하고 있다. 진정으로 가슴속에서 나온 글이 아니라면 결코 한 줄도 세상에 내보내지 말라는, 그런 글은 한 사람의 마음도 움직일 수 없다는 내용을 필사하면서 '나 같은 글쓰기 초보는 어떡하나요?'라고 반문했다. 그런 반문에 이웃의 글은 "괜찮아요. 지금 잘하고 있어요" 하고 힘을 준다.

글을 쓰면서 마음속으로 스스로 가치를 가진다는 것은 분명 어

오십의 태도

려운 일이다. 아무리 좋은 마음으로 글을 써도 글이라는 것은 서로 받아들이는 온도가 다르다. 그런 의미에서 다시 생각해 보면 김종원 작가의 글도 지극히 맞는 말이다.

　　요즘은 누구나 글을 쓴다. 누구나 작가가 될 수 있는 시대이기도 하다. 나의 글에는 고상함이라고는 없다. 어려운 단어도 없고 그런 단어를 써서 글을 포장하는 재주도 없다. 《1984》의 저자 조지 오웰은 인간이 글을 쓰려는 이유를 크게 네 가지로 꼽았다. 잘난 체하고 싶은 순전한 이기심, 멋진 문장을 쓰고 싶은 미학적 열정, 진실을 기록하려는 역사적 충동, 마지막으로 정치적 목적이라고 했다. 나는 네 가지 중 어디에 들어가는 것일까 고민해 봐도 잘 모르겠다. 아마도 그런 이유로 글을 쓰는 사람들이 많으니 이 네 가지를 꼽았겠지만 나는 그저 일상의 작은 변화와 성장을 기록하는 글을 쓸 뿐이다.

　　오늘도 글을 쓴다. 매일의 일상과 생각, 스쳐가는 경험을 그냥 넘기지 않고 기록하려고 한다. 지금 쓰는 글을 많은 사람이 읽을 수도 있다고 생각하면 다시 한번 무게감이 느껴진다. 잘 쓰고 싶고, 좋은 자극을 주고 싶고, 여러 사람이 아닌 단 한 사람에게만이라도 좋은 영향을 줄 수 있는 글을 쓰고 싶다. 그런 마음이 글을 쓰는 좋은 가치가 된다.

나는 나일 때가
가장
멋지다

비교는 꼭 나쁜 걸까? 우리는 살아가면서 수많은 것을 남과 비교한다. 나를 남과 비교하고 내 아이를 다른 집 아이와 비교하고 나의 남편, 나의 부모, 나의 환경, 나의 능력 등 비교할 수 있는 것은 다 비교하며 살아간다. 아무렇지 않은 척하지만 속으로는 속상하고, 괜찮다고 하지만 기분이 다운되기도 한다. 친한 친구인데도 그 친구의 고민을 들으면서 그래도 나는 이만하니 다행이라는 생각이 들기도 하고 친구의 자랑에 진심으로 축하해 주는 마음이 있으면서도 속으로는 내 상황과 비교한다. 겉으로 내색하지 않아서 그렇지 사람은 누구나 다양한 상황에서 남과 자신을 비교하는 경향이 있다. 사실 남과 비교하는 것은 지극히 정상이며 인간의 본능이라 해도 부정하기 힘들 것이다. 비교가 꼭 나쁘다고 생각하지 않는다. 그러나 대부분의 비교는 긍정적인 비교보다 부정적인 비교가 더 많은 것도 사실이다. 하지만 자신을 남과 비교하지 않으며 사는 것도 어려운 일이다.

우리는 비교하지 않으려고 해도 비교할 수밖에 없는 현실에서 살고 있다. 각종 SNS에서는 부러운 일상이 넘쳐나고 보고 싶지 않아도 지인들의 카톡 프로필이 바뀐다. 굳이 알고 싶지 않아도 남의 삶을 들여다보게 된다. 인스타 사진에 보이는 한 컷이 그들의 온전한 모습이라 할 수 없지만 그럼에도 많은 사람은 그 한 컷에 열광하고 지지하며 자신의 삶과 비교한다. 세상은 너무 최적화되어 있고 많은 것에 노출되어 있다. 예전에는 초등학교 친구가 뭘 하고 사는지, 옛 직장 동료가 어디에 사는지, 첫사랑이 어떻게 변했는지, 알려고 해도 알 수가 없었다. 지금은 어떠한가? 내가 알려고 노력만 하면 어떻게든 알 수 있고, 알고 싶지 않아도 알려주는 세상이다.

우리는 흔히 "남과 비교하며 살지 말라"라고 말한다. "비교하는 삶은 불행하다"라며 비교를 나쁘게 말한다. 아마도 자기보다 잘난 사람한테 기죽지 말고, 잘난 사람을 보면서 좋은 점을 배워 긍정적으로 받아들이라는 말일 텐데 이 또한 말은 쉽지만 마음으로는 쉽지 않다. 인간은 다른 사람과 비교하지 않고 사회 속에서 살아가는 것이 좀처럼 어렵다. 중요한 것은 비교하는 것 자체보다는 그 비교하는 방법이 문제임을 아는 것이다.

얼마 전 친구와 통화를 하다가 옛날이야기를 하게 되었다. "너는 생각해 보면 늘 열심히 살았어" 하는 친구의 말에 '그렇지, 난 참 열

오십의 태도

심히 살았지'라며 고개를 끄덕거렸다. 욕심 많은 나는 늘 앞만 보고 살았다. 나보다 더 나은 사람과 사귀려고 노력했고 배울 것이 있는 사람과 친해지고 싶었다. 늘 아래보다는 위를 보고 살았다. 그러다 보니 한참 사회생활을 하고 아이들을 키울 때는 많이 힘들었다. 나보다 더 좋은 집에 사는 친구가 부러웠고 더 나은 직장에 다니는 친구가 대단해 보였다. 내 남편보다 더 좋은 직장에 다니는 언니가 부러웠고 전문직종에 종사하며 전문가가 된 모든 이가 부러웠다. 지금 생각해 보면 그런 아내의 기대와 욕심에 맞춰주느라 남편도 나름 힘들었을 것이다. 그럼에도 한 번도 나에게 뭐라 하거나 나의 욕심을 탓한 적이 없으니 고마울 따름이다.

"부러우면 지는 거다"라는 말이 있다. 그러나 내 생각은 조금 다르다. 부러워도 괜찮다. 비교하는 것이 꼭 나쁘다고는 할 수 없다. 그것이 나를 부정으로 이끌지만 않는다면 괜찮다. 온전히 남과 비교하지 않고 살아갈 수만 있다면 얼마나 좋겠는가? 그러나 그럴 수 없는 현실에서 비교를 인정하고 나면 조금은 편하게 받아들일 수 있다. 비교는 부정적일 때는 나를 힘들게 하며 자존감을 잃게 하기도 하지만 긍정적일 때는 나를 일으켜 세우는 좋은 자극이 된다.

나는 부자가 부럽다. 전문 분야에서 전문가가 된 사람이 부럽다. 건강한 몸을 가진 사람이 부럽고, 기부를 하고 좋은 영향을 미치는 사람이 부럽다. 나도 그렇게 되고 싶다. 부러운 건 나쁜 게 아니다. 마냥 부러워만 하고 나는 왜 그렇게 될 수 없는가를 자책하는 게 아

니라 그들이 거기까지 가는 데 얼마나 많은 노력을 하고 얼마나 오랫
동안 끈기와 열정을 발휘했는지를 생각하면 비교는 부정이 아닌 긍
정이 된다.

나는 큰딸 덕분에 자주 꽃 선물을 받는다. 엄마가 꽃을 좋아하
는 것을 알고 때때로 꽃을 선물해 주기 때문이다. 어느 날 가만히 꽃
을 들여다보고 있으니 이렇게 예쁜 꽃은 종류도 모양도 색깔도 크기
도 다양한데 어찌 이리 조화로울 수 있을까 싶었다. 붉은 열정의 장미
는 장미여서 예쁘고 순수한 하얀색 카네이션은 카네이션이어서 예쁘
다. 향기 가득한 노란 프리지어는 프리지어라 예쁘고 그 꽃을 빛나게
해주는 작은 풀잎이 있어 더 싱그럽다. 작은 수국과 왁스플라워는 한
자리를 차지하지 못하지만, 공간을 채우며 은은한 멋을 낸다. 거베라
는 세상 모르고 하늘을 치켜들며 나 여기 있소 해도 밉지 않다. 꽃은
꽃 자체로 예쁘고 아름답다. 생각해 보면 꽃은 어울리지 않는 것들과
함께 있어도 잡음이 없다. 그저 자신의 소임을 다하고 열정적으로 피
었다 질 뿐이다. 그저 인간의 마음으로 어느 것이 더 좋고 나쁨을 평
가할 뿐이다. 작은 화병에서 각자의 향기를 내뿜으며 조화로운 아름
다움을 뿜내는 꽃의 지혜를 배우고 싶다. 자신만의 아름다움을 찾아
갈 수 있는 삶의 여유를 느끼며 살고 싶다. 꽃처럼 좋은 향기가 나는
그런 사람으로 살고 싶다.

리처드 바크는《갈매기의 꿈》에서 지금의 생에서 어떤 생을 얻
는가에 따라 다음 생을 선택할 수 있다고 했다. 아무런 배움도 얻지

오십의 태도

못한다면 다음 생 역시 똑같을 수밖에 없다며 배우고 발견하고 자유로워지는 것이 삶의 이유라고 말했다.

인생의 절반을 살아온 지금 다시 뒤를 돌아보면서 느끼는 것은 결국 인생은 나 스스로 살아가는 것이지 남이 살아주는 것은 아니라는 것이다. 비교하며 살든 비교를 당하며 살든 내 인생을 사는 것이지 남의 인생을 사는 것이 아니다.

나는 비교하는 것 자체는 나쁘지 않다고 생각한다. 지금껏 그래왔으며 비교는 자연스러운 것이라 생각했다. 그 사람에게 긍정적인 자극을 받으려고 노력했고 크게 열등감을 가지거나 우열을 가리고 살기보다는 내가 할 수 있는 것을 하며 나로 사는 방법을 선택했다. "너는 참 열심히 살았어"라는 친구의 말에 '그렇지. 난 참 열심히 살았지'라고 고개를 끄덕일 수 있는 것도 그저 나로 사는 데 정신없었기 때문이 아닐까.

지금은 이제껏 살아온 나보다 좀 더 나로 사는 데 치중할 뿐이다. 비교는 안 하고 싶다고 안 할 수 있는 게 아니다. 사회생활을 하고 타인과 함께하는 사회에서는 세상을 차단하지 않는 한 비교는 있을 수밖에 없다. 자연스러운 이치를 받아들이고 남과 나의 차이를 인정하면 된다. 내가 할 수 있는 것, 할 수 없는 것을 알고 내가 잘하는 것이 무엇인지를 알고 그저 하면 될 뿐이다. 긍정적인 행동은 비교에서 오는 열등감보다는 나의 할 일을 우선 하게 해주는 자극제가 된다.

남들은 우리가 생각하는 것보다 다른 사람의 인생에 관심이 없다. 나 역시 많은 일을 금방 잊어버리고 살지 않는가? 타인의 시선이 내 인생에 많은 영향을 주는 것 같지만, 사실 남이 주는 상처보다 스스로가 주는 상처와 열등감이 더 크다. 비교하는 사회에서 자연스럽고 조화롭게 사는 것은 결국 나를 알고 남을 인정하며 나답게 사는 것이다. 나는 나일 때가 가장 멋지다.

오십의 태도

시간의 문제가
아니라
마음의 문제

무슨 일을 하려다가 시간이 없어서 다음에 해야지 하고 미룬 경험이 있다. 오늘 해야 할 일이 쌓여 있는데도 시간에 쫓겨 하지 못했던 경험도 있다. 시간은 관리하기 나름이라는데 어떤 사람에게는 늘 시간이 부족하고 또 어떤 사람은 자신이 계획한 것을 무리 없이 잘도 해낸다. 우리에게 주어진 하루의 시간은 모두 같은데 쓰는 시간의 질은 각자 다르다.

이제 나에게 기록은 하나의 루틴이 되었다. 매일 기록하는 루틴 중에는 블로그 포스팅도 있다. 나만의 약속이다. 그러나 우리의 일상은 항상 계획한 대로 지나가지 않는다. 많은 일이 일어나고 생각지도 못한 일정이 생겨난다. 그러다 보면 평소와 다른 일상으로 마음이 분주해지고 시간 관리의 어려움을 느끼게 된다.

오십의 태도

2024년 1월 24일 블로그 이웃인 부아C 작가의 〈부를 끌어당기는 글쓰기〉 100일 프로젝트에 참여했다. 100일 동안 하루도 빠짐없이 글을 쓰면 글 쓰는 어려움을 극복할 수 있을 것 같았다. 어떤 프로젝트를 시작할 때는 자신과의 약속을 완수하는 것이 가장 큰 목표다. 그러나 프로젝트를 수행하다 보면 생각지도 못한 일이 계속 일어난다. 가끔은 이래서 뭐든 끝까지 하기가 어렵나 하는 반문이 들 만큼 다양한 일이 생긴다. 100일 글쓰기 프로젝트를 결국은 달성했지만 그렇게 호락호락하지 않았다.

몇 달 전 아빠를 일주일 동안 우리 집에 모셨다. 약간의 치매 초기 증상과 허리가 불편해 잘 걷지 못하는 아빠를 돌보느라 힘든 엄마에게 잠깐의 휴식을 드리기 위한 결정이었다. 친정에 들러 아빠의 옷가지 등을 챙겨 집으로 왔다. 아빠가 집에 오신 뒤 변화가 있었다. 아빠가 계시는 동안 편하게 해드리고 싶어 불필요한 가구를 옮기고 거실에 이불을 깔았다. 작은 것도 챙겨줘야 하는 상황이라 아빠가 오시기 전에는 온전히 나에게 맞춰져 있던 일상이 하나씩 아빠의 활동 반경에 맞춰졌다. 일주일 동안 하루는 병원에 입원해 척추 시술을 받았다. 하루는 병간호를 해야 했고 다음 날 퇴원 후에 며칠 집에 계시다 친정으로 모셔다드렸다. 아빠가 계시는 동안에는 운동도 최소한으로 줄이고 간단한 운동만 틈틈이 했다. 책 읽기도 집중이 안 돼 짧은 독서만 했다. 블로그 글쓰기는 100일 챌린지를 하던 중이라 어떻게든 이어가고 싶은 마음에 하루 1포스팅을 지키려고 노력했다.

보통 예상하지 못한 일이 일어나면 그날의 계획과 일정이 무너진다. 정해진 대로 할 수만 있다면 모든 일이 순조롭게 이루어질 것이다. 못할 일이 없고 지키지 못할 약속도 없다. 그러나 순조롭지 못할 일이 매일 일어난다는 게 문제다. 운동을 시작하고 100일 루틴을 하겠다는 굳은 의지는 친구와의 갑작스러운 술 약속으로 깨지기도 한다. 책을 본격적으로 읽어야지 생각하고 읽다가도 가족들이 보는 드라마에 정신이 팔려 이것만 보고 내일부터 읽어야지 하지만 다음 날이 되면 또 책은 멀어져 있다. 어떤 일을 시작하고 100일을 하루도 빠짐없이 실행한다는 것은 생각보다 어려운 일이다.

중간중간 자신이 의도하지 않아도 방해하는 일들이 생긴다. 그것은 누구의 탓도 아니다. 일상을 살아가다 보면 누구에게나 있는 일이다. 혼자 사는 세상이 아니니 언제든지 무슨 일이 일어나는 건 그리 이상할 게 없다. 그러나 누구는 그것을 지키고 누구는 그것을 지키지 못한다. 지킬 것인지 지키지 못할 것인지는 자신이 스스로 선택할 문제다.

한 번은 해외 여행이 문제였다. 큰딸이 갑작스럽게 가족 여행을 제안했다. 가족 모두 찬성하는데 혼자 안 간다고 할 수도 없었다. 가족과 즐거운 여행을 계획하면서도 한편으로는 프로젝트를 지키지 못할까 봐 걱정되었다. 프로젝트 기간 동안 일본과 홍콩 두 번의 해외 여행을 다녀오면서 여행 중 매일 글을 써서 포스팅한다는 것이 생각보다 번거롭고 어려운 일이라는 걸 느꼈다. 물론 여행 사진 몇 장 올

오십의 태도

려놓고 간단하게 글을 쓰면 된다고 생각할 수도 있지만 목표가 뚜렷하지 않으면 이 또한 어려운 일이다. 지금은 노안이 와서 핸드폰 글씨나 작은 글씨가 잘 보이지 않기 때문에 마음먹고 하지 않으면 신체적 어려움도 따른다. 잠깐 이동 시간에 간단하게 올릴 수 있는 여건을 만들려면 돋보기를 꺼내야 하고 집중해야 한다. 그럼에도 불구하고 여행 중 100일 프로젝트를 이어갈 수 있었던 것은 뚜렷한 목표가 있었고 굳은 의지가 있었기에 가능했다.

황당한 일로 약속을 지키지 못할 뻔하기도 했다. 오랜만에 동창들과 만남이 있는 날이었다. 만나서 3~4시간 후면 헤어지는 게 보통의 모임 스케줄이라 걱정하지 않고 모임에 나갔다. 오랜만에 만나서 그런지 친구들의 수다는 너무 재미있어 시간 가는 줄 몰랐다. 5시간을 보내고 귀가하는데 갑자기 차를 타고 가던 친구들이 2차를 제안했다. 친구 딸과 저녁을 같이 먹으며 술을 한잔하자는 것이다. 살다 보면 이런 일은 무수히 일어난다. 그리고 이런 기회가 또 몇 번이나 있겠는가? 흔쾌히 오케이를 하고 합류하게 된 2차가 길어져 밤 11시가 다 되어서 집에 왔다. 술에 취해 어떤 글도 쓸 수 없는 상황이었다. 이날은 프로젝트 완수가 어려워야 한다. 그러나 이날은 출발 10분 전에 갑자기 글을 써놓고 가야겠다는 생각이 들었다. 간단하게 글을 쓰고 포스팅한 뒤 외출했다. 미리 글을 써놓지 않았더라면 아마 95일에 목표를 달성하지 못하고 끝났을 수도 있었다. 그날, 내가 생각하지 못한 다양한 일이 언제든 일어날 수 있다는 것을 새삼 느꼈다.

그게 뭐 대단한 거라고 그렇게까지 할 일인가 싶을 수도 있다. 하루 안 지켰다고 무슨 일이 일어나는 것도 아닌데 다음 날 쓰면 되지 싶을 수도 있다. 참 융통성 없이 답답하다는 생각이 들 수도 있고 여행까지 가서 뭐 그렇게까지라는 생각이 들 수도 있다. 프로젝트를 하는 중간중간 나는 계속 자신과 타협하고 싶었다. 안 해도 될 이유를 찾고 싶었고 그럴 수밖에 없다는 핑계가 필요했다. 남이 아닌 나 스스로 인정할 만한 이유가 있었으면 했다. 내가 하겠다고 시작했으면서 안 되는 이유를 찾아 타협하려고 했다.

생각해 보면 이는 시간의 문제가 아니라 마음의 문제였다. 평소와 다른 일상으로 그저 마음이 바쁘고 익숙하지 않았던 것이지 시간은 충분했다. 어찌 보면 지금의 현실을 핑계 삼아 합리화하고 싶었던 것이다. 시간 탓, 나이 탓, 신체 탓, 갑자기 일어난 일 탓, 탓하지 않을 것은 없다. 단지 진정으로 인정할 수 있는 것인지는 의문이다.

한 번의 프로젝트를 달성하고 나면 약간의 자존감이 생긴다. 그것은 누가 알아주든 알아주지 않든 달성했다는 기쁨과 희열에서 오는 자존감이다. 무엇이라도 할 수 있을 것 같은 용기도 얻게 된다. 어떤 이유와 타협하지 않고 작은 목표를 지키고 나면 나는 꽤 괜찮은 사람인 것 같다.

우리는 작은 도전을 쉽게 생각한다. 한 번의 도전에도 쉽게 타협하려고 한다. 이번에 못 하면 다음에 하면 되지, 그거 하루 안 한다고 뭐가 문제야, 오늘 못 하면 내일 하면 되지, 우리의 긴 인생에 그런 사

오십의 태도

소한 것들은 별로 중요하지 않아. 그러나 그 한 번의 타협이 자존감을 쌓을 기회를 무너뜨리고 용기와 자신감을 얻는 데 주저하게 만든다. 그러면서 계속 자신에게 묻는다. 그거 내가 할 수 있을까, 나는 못 할 것 같아, 지금 말고 나중에 하지 뭐.

작은 도전이라도 자신과의 약속을 지키고 그것이 두 번이 되고 반복되면 알게 된다. 나는 무엇이든 할 수 있는 사람이라는 것을. 그리고 이 모든 것은 시간의 문제가 아니라 마음의 문제라는 것을. 지금 무언가에 도전하면서 쉽게 포기하고 쉽게 자신과 타협하고 있는가? 나태함과 적당한 타협이 나를 무너지게 할 때 다시 한번 나를 일으켜 세울 수 있는 것은 뚜렷한 목표와 지금 하고자 하는 것을 정말 이루고 싶은지 확인하는 것이다. 지금 못하는 많은 것은 시간의 문제가 아니라 마음의 문제다.

시작하기
좋은 나이
오십

'어쩌다 보니 오십'이라는 말은 이제 흔한 말이 되었다. 지금의 오십은 예전의 오십이 아니다. 느낌상으로는 여전히 진행형이지만 현실은 많은 변화가 일어났다. 그리고 그런 변화가 익숙하지 않지만, 또 인정해야 한다. 오십은 멋진 인생 2막을 시작하는 중요한 시기라고 한다. 아직까지 크게 실감이 나지는 않지만 어떻게 살아야 잘 살지 고민이 많아지는 것도 사실이다.

　　오십은 무언가를 시작하기 좋은 나이라고 하지만 무언가를 시작한다는 것도 말이 쉽지 참 어려운 일이다. 이 나이를 먹도록 뭐든 시작을 안 해봤겠는가? 오히려 현실은 시작보다는 뭔가를 정리해야 하는 분위기인데, 오십의 나이를 논하면 모두 자신을 찾기 좋은 나이이니 무엇이든 시작해 보라고만 한다. 《오십에 읽는 논어》에서도 스물의 미숙함, 서른의 치열함, 마흔의 흔들림도 줄어든 오십은 일관성 있는 일을 시작하기에 좋은 나이라고 말한다.

블로그에 글을 쓴 지 1년 8개월이 되었다. 처음 블로그에 글을 써서 포스팅할 때만 해도 아무도 내가 쓴 글을 읽지 않았다. 글을 쓰고 포스팅한 뒤 하루가 지났는데 아무도 읽지 않은 글을 보며 스스로 격려하기 위해 공감을 눌렀다. 그때 쓴 글에는 여전히 나의 하트 하나만 존재한다. 지금은 블로그 이웃이 4,000명이 넘어가고 제법 나의 글을 읽어주는 이웃들이 생겼다. 글을 쓰고 포스팅하면 많은 공감과 댓글이 달리지만 처음 시작은 너무 미미했다.

친구나 지인들은 예전에 글을 써봤냐는 질문을 한다. 당연히 아니다. 학창 시절 친구의 연애편지를 대신 써주거나 좋아하는 시인의 시를 노트에 적고 외우거나 편지 쓰기를 좋아해서 친구들과 편지를 주고받은 게 나의 글쓰기 이력의 전부다. 그런 내가 1년 8개월 만에 글을 좀 쓴다는 얘기를 들을 때면 쑥스럽고 몸 둘 바를 모르겠지만, 시작하지 않았으면 몰랐을 일이다. 시작이 미미하다고, 알아주는 사람이 없다고 포기했다면 느끼지 못했을 성취감이다.

어떤 시작은 나의 가치를 발견하고 행복을 찾을 수 있게 도와주는 설레는 도전이기도 하다. 오십은 무언가를 시작하기 좋은 나이라는 말을 지금은 공감한다. 그 시작이 누군가를 위한 게 아니라 오롯이 나를 위해서다 보니 이제는 자신을 찾기 좋은 나이라는 말도 조금은 알 것 같다.

블로그에 글을 쓰고 많은 변화가 생겼다. 블로그 공부를 조금씩 했고 어떻게 하면 블로그를 관리할 수 있는지도 관심을 가졌다. 그랬더니 블로그에 이웃들이 조금씩 늘고 공감과 댓글도 생기기 시작했다. 신기한 경험이었다. 같은 사람이 글을 쓰는데 어떤 글을 쓰느냐에 따라 글은 읽히기도 하고 묻히기도 한다. 나 역시 이웃의 글을 읽을 때 그 사람의 이야기가 들어 있는 글에 더 공감하고 집중해서 읽게 된다. 나의 이야기를 담담히 쓰다 보니 블로그에는 나의 글이 쌓여간다. 책 서평과 홍보 글을 쓸 때는 느끼지 못하던 애정도 생긴다.

처음 블로그를 개설하고 글을 쓰는 것이 익숙하지 않아 여러 가지 기능을 이것저것 눌러보고 시도했다. 모르는 것은 블로그 검색을 통해 알아가고 하나씩 수정해 가며 조금씩 배워나갔다. 어느 날 남들은 글에 예쁜 사진을 넣는데 저렇게 예쁜 사진은 어디서 구하는 걸까라는 궁금증이 생겼다. 그런데 모르는 것을 물어보는 것도 기본을 어느 정도 알아야 물어볼 수 있다. '무료 이미지 사이트'라는 명칭이 있지만 그 말을 모르니 검색하는 것조차 어렵다. 그래서 큰딸을 불렀다.

"큰딸, 엄마 이것 좀 봐줄래. 이분들은 글에 이렇게 예쁜 사진을 넣는데 이런 사진은 어디서 구하는 걸까?"

큰딸이 '무료 이미지 사이트'라고 적고 검색하니 이웃 블로그에서 많이 본 사진들이 가득하다. 무언가를 배울 때 진심으로 배울 의지가 있다면 누구든 선한 마음으로 배움을 나눠준다. 그렇게 글에 예쁜 사진을 넣는 방법도 배우고 링크를 올리는 방법 등 하나씩 필요에 따라 배우다 보니 지금은 어려움 없이 글을 쓰고 사진을 첨부한다.

처음에는 낯설고 어색해서 글을 쓰는 것 자체도 어려웠지만 하나씩 배우고, 그 배운 것을 활용하면서 재미를 느꼈다. "늦게 배운 도둑질이 날 새는 줄 모른다"라는 옛날 속담이 있다. 나는 "늦게 배운 공부가 더 재미있어 날 새는 줄 모른다"로 바꾸어 말한다. 스스로 필요해서 시작한 배움에는 끝이 없다. 새로운 것을 알아갈수록 흥미롭고 작은 것 하나를 배웠는데 그 안에 더 흥미로운 세상이 존재하고 있음에 오랜만에 심장이 뛴다. 아직도 배울 것이 많고 가끔은 헤매기도 하지만 그래도 즐거운 것은 내가 원하는 것을 배우기 때문이다. 무언가를 배운다는 것이 얼마나 소중하고 값진 것인지 새삼 알아가는 중이다. 왜 오십이 무언가를 시작하기에 좋은 나이인지 이제는 조금 알 것 같다. 내가 좋아하는 것을 시작하고 배우고 경험하면서 그 배움으로 성장하고 있기 때문이다. 누구의 강요도 아닌 오롯이 자신이 좋아하는 것을 즐기기 때문에 일관성을 가질 수 있는 것이다. 오십은 진정한 나를 찾기 좋은 시기다.

몇 년 전 수영을 배울 때의 일이다. 수영 강사는 음, 파도 못하는 나에게 자꾸만 힘을 빼라고 한다. 몸에 힘이 너무 들어갔으니, 힘을 빼야 물 위로 뜬다며 잔소리한다. 숨쉬기도 힘든데 힘을 빼라니 이게 무슨 소리인지. 힘을 뺄 때와 써야 할 때를 아는 것은 전문가나 고수만이 할 수 있다. 그래서 힘 빼는 일은 참으로 어렵다. 수영뿐만 아니라 다른 스포츠나 악기, 노래, 춤, 명상 등 모든 것은 몸에서 힘을 빼야

오십의 태도

좋은 결과를 얻는다. 그런데 힘을 뺀다는 것은 생각보다 어려운 일이다. 어느 순간 힘을 빼야 하고 또 어느 순간에 힘을 줘야 하는지 알 수 없기 때문이다. 시작은 더욱 그러하다. 인생도 그러할 것이다.

오십이 되기 전에는 잔뜩 힘만 주고 살았다. 그렇게 살아야 한다고 생각했고 힘이 들어도 이겨내야 한다고 생각했다. 그러나 계속 힘을 주고 살기에는 인생이 너무 길다. 인생 2막은 지금과는 다르게 조금씩 몸과 마음에서 힘을 빼야 한다. 그래야 지치지 않고 오래갈 수 있다. 노후가 편안한 분들을 보면 삶이 유연해 보인다. 꼭 경제적인 부분이 아니더라도 자신이 선택해서 유연하게 사는 모습을 볼 때면 그렇게 살고 싶다는 생각이 든다.

노자는 《도덕경》에서 "자연의 순리에 따라 살라"라고 가르친다. 노자의 사상인 상선약수(上善若水)란 물처럼 살아가라는 말로, 스스로를 낮추어 모든 것을 이롭게 하며 살아가라는 뜻이다. 물은 아래로 흘러가면서 만물에 생기를 북돋아주고, 막힌 곳이 있으면 돌아가고, 그릇의 모양에 따라 변하는 능동적인 유연함을 보인다. 세상에는 물보다 약한 것이 없다. 굳세고 강한 것을 공격해 이기지 못한 적이 없으니 어떤 것도 물을 대체할 만한 것이 없다. '물 흐르듯 부드러워져야 한다'라며 자연에 거스르지 않는 자연의 순리에 대해 말하는 것이다.

우리는 매일 긴장된 삶을 살아간다. 매 순간 힘을 주며 자신에게 주어진 삶의 목표를 달성하기 위해 힘과 역량을 쏟으며 살아간다. 그러나 인생 2막을 맞이하는 중년의 나이에는 남은 인생을 잘 살기 위해 조금씩 힘을 빼는 연습도 필요하다. 나 역시 여전히 힘을 빼는 것이 어렵다.

몇 년 전, 친정 식구들, 가족들과 함께 강원도 동강에 래프팅을 하러 갔다. 세 팀으로 나눠 래프팅을 즐기며 급류를 내려오다가 일이 터졌다. 부모님이 연세가 있고 수영을 못 하니 보트를 뒤집지 말아달라는 말을 전달했음에도 불구하고 래프팅 강사는 우리 가족이 너무 즐거워하고 분위기가 좋아 어느 시점에 괜찮겠다 싶어 보트를 뒤집었다고 한다. 그때까지 기분 좋게 즐기며 내려왔던 우리 가족은 강사의 잘못된 판단으로 큰 위기를 겪었다. 평소 물을 무서워하던 엄마가 구명조끼를 입었는데도 불구하고 물을 먹고 당황해하며 몸에 잔뜩 힘을 주고 허우적거리기 시작했다. 그때만 해도 나도 수영을 못 해 내 몸 하나 가누기가 어려웠고, 남편은 어린 딸들을 챙기느라 정신이 없었다. 다른 보트에 타고 있던 오빠나 남동생도 수영을 못 하기는 마찬가지였고 조금 떨어져 있어 어찌할 수가 없었다. 몇 분이지만 난리가 난 상황에 엄마는 계속 허우적거리고 있었고 강사는 엄마가 힘을 뺄 때까지 기다려야 한다며 상황을 지켜만 보고 있었다. 그 짧은 순간 우리 가족은 모두 소리를 지르며 패닉에 빠졌다.

짧지만 긴 시간이 흐르고 엄마가 지쳐 더 이상 힘을 주지 못하는 상황이 되자 강사는 엄마를 구했다. 결론적으로 보면 강사의 말처럼 힘을 뺄 때까지 기다렸다가 구출하는 것이 맞았을지 모르지만 이

오십의 태도

후 우리 형제는 한동안 불신이 남았다. 엄마의 고통스러운 모습을 지켜만 봤던 우리 모두 불효자가 되었기 때문이다. 지금은 우리 엄마 황천길 갈 뻔했다는 우스갯소리로 그날을 이야기하지만, 그때의 일은 두고두고 마음에 남는다. 나는 몸에 힘을 빼야 한다는 말을 들을 때면 늘 그날을 생각한다. 구명조끼를 입었으니 몸에 힘만 빼면 그저 둥둥 떠 있을 수 있는데 몸에 힘을 주고 몸부림을 치니 구명조끼는 구조 용품이 아니라 거추장스러운 위협 용품으로 변했다. 어찌 보면 우리 인생도 이러하지 않을까? 알면서도 힘을 빼지 못하고 결정적인 순간이 되어서야 그것을 놓고 힘을 뺀다. 힘은 적당히 조절할 줄 알아야 인생이 유연해지고 편안해진다. <u>적당히 힘을 주고 적당히 힘을 빼는 유연성도 인생의 고수만이 누릴 수 있는 것이다.</u>

　　수영을 배우고 몇 년이 흘러 지금은 수영을 조금 한다. 물론 내 생각이지만 강사에게 잔소리를 들었던 때를 생각하면 감개무량하다. 수영을 하면서 몸에 잔뜩 힘을 주고 힘차게 팔을 움직이면 더 잘할 거 같아서 팔에 힘을 주고 세차게 발차기를 했다. 그러니 수영할 때마다 너무 지쳤다. 수영을 배우고 1년쯤 지났을까? 혼자 자유 수영을 하다가 몸에서 힘을 뺀다는 것이 어떤 것인지 실험해 보고 싶었다. 마침 이른 주말 아침이라 수영장에는 사람도 없었다. 내가 할 수 있는 최대한으로 힘을 빼는 연습을 해보았다. 팔을 젓지 않고 물 위에 둥둥 떠서 힘을 빼는 것이다. 배영으로 누워 아무것도 하지 않고 힘을 빼는 연습을 했다. 신기하게도 몸이 가벼워지는 느낌을 받았다. 그렇게 힘을 빼려고 노력해도 되지 않던 것이 아무것도 하지 않고 둥둥 떠서 그저 위만 쳐다보고 있으니 몸이 가벼워졌다. '아, 힘을 빼는 것이 이런 것이구나.' 그날 이후 수영은 단순히 힘만으로 하는 것이 아니라는 생각을 하며 물의 흐름에 몸을 맡겼다. 빨리 가기 위해 힘을 주기보다는 물살을 따라 유연하게 움직이려고 노력했다. 물의 저항을 최소화하니 신기하게도 몸이 더 빠르게 나아갔다.

오십에는 조금은 힘을 빼는 노력을 해본다. 지금껏 잔뜩 긴장하고 힘을 주고 살았다면 이제는 조금씩 힘을 빼는 연습이 필요하다. 지금보다 더 잘 살고 싶은 인생 2막을 맞이하기 위해, 지금의 내 마음과 현실을 알아차리자. 자식이나 가족 문제에서는 한 발짝 물러나고, 조금은 유연하게 바라보자. 물 흐르듯 유연하게 살아가는 삶, 어렵지만 오늘도 조금씩 힘을 빼본다.

오십의 태도

가장 중요한 것도
가장 어려운 것도
꾸준함

꾸준하다는 말은 사전적 의미로 한결같이 부지런하고 끈기가 있다는 말이다. 나는 꾸준한 사람임에도 불구하고 뭔가를 꾸준하게 해냈다고 생각하지 못했다. 어떤 것을 배우고 그것을 어느 정도 수행하고 내 것으로 만들려면 시간이 필요하다. 그 시간에는 수많은 어려움이 있고 힘든 일을 반복적으로 이겨내야 하는 인내도 필요하다. 꾸준하다는 말은 그리 어렵지 않은 듯해도 가장 지키기 어려운 일이기도 하다.

"떨어지는 물방울이 돌에 구멍을 낸다. 물방울이 바위를 뚫는 것은 그 힘이 아니라 꾸준함이다."

이탈리아의 발명가 마르코니의 명언이다.

처음에는 뭐든 열정을 가지고 시작하지만 시간이 지나면 그 열정은 사라진다. 하지 않을 변명을 찾게 되고 하고 싶지 않은 이유를 찾는다. 그래서 꾸준함을 갖는다는 것이 얼마나 어려운 일인지는 우리 모두 인정한다. 꾸준함은 그런 열정이 사라질 때도 묵묵히 이겨내는 자만이 누리는 승리의 포상이다.

꾸준함은 습관과도 밀접한 관계가 있다. 제임스 클리어의 《아주 작은 습관의 힘》에 따르면, 습관은 두 번째 실수에서 무너진다고 한다. 습관의 중요성을 모르는 사람은 없다. 그리고 좋은 습관을 유지하기 위해 나름의 노력을 한다. 그러나 우리의 삶은 언제나 예측하기 힘든 돌발상황이 발생한다. 그러면 마음을 먹었던 것도 못 하게 된다. 열심히 운동하고 꾸준히 하려고 했지만 감기에 걸리거나 근육통이 심하게 느껴져 하루를 거르게 된다. 다음 날에는 근육통을 이겨내고라도 실행하려고 하지만 몸도 마음도 나약해진다. '이렇게 아픈데 무슨 운동이야 그냥 며칠 쉬면서 다시 시작하자'라는 자기 위안을 삼으며 이틀을 넘기지만 다시 시작하기는 좀처럼 어렵다. 나 역시 꾸준히 무언가를 할 때면 진짜 하기 싫은 날이 있다. 할까 말까 고민하지만 '그냥 하자. 오늘만 하자'라고 되뇌면서 마음을 다잡곤 한다. 그래서 《아주 작은 습관의 힘》에서는 한 번 거르는 것은 사고지만 두 번 거르는 것은 새로운 습관의 시작이라고 했나 보다. 처음 한 번은 어떤 이유로 못 할 수도 있다. 그러나 그 한 번이 두 번이 되기가 얼마나 쉬운지를 알기 때문에 약간의 어려움을 감수하고라도 그 한 번을 만들지 않으려고 노력한다.

어떤 일을 시작하고 꾸준히 해나가다가도 갑자기 의미를 부여

하며 부질없다는 생각이 들어 그만두고 싶어질 때가 있다. 운동을 시작했는데 어느 날 갑자기 운동하기가 싫어지기도 하고 글을 쓰다가 아무 생각이 떠오르지 않아 더 이상 글을 쓸 수 없다는 생각도 든다. 책을 잘 읽다가도 머리에 내용이 들어오지 않는 날이 반복되면 그냥 책을 덮게 된다.

화가 나거나 힘들거나 할 수 없다는 생각이 들거나 기타 등등의 일이 일어났을 때는 그저 아무 생각 없이 앞으로 나아가는 방법밖에 없다. 어떤 일을 해내는 유일한 방법은 그 일을 하고 또 하는 반복적인 행동일 뿐이다. 그래서 꾸준함을 이기는 건 없다고 하는가 보다.

언젠가 '꾸준함을 유지하는 방법'을 검색해 본 적이 있다. 꾸준함을 유지하는 방법은 구체적이고 실현 가능한 목표를 설정하고, 작은 단계로 나누어 성취감을 느끼고, 규칙적인 일정을 통해 일관성을 유지하는 것이다. 그리고 마지막 목표를 달성했을 때 자신에게 보상을 주는 것도 잊어서는 안 된다는 것이다. 우리가 다 아는 내용이지만 그 다 아는 내용들을 지키기가 어렵다는 것이 문제다. 여러 가지 방해 요소가 있을 수도 있고 즉시 결과가 나타나지 않으니, 동기부여가 되지 않아 좌절하게 되기도 한다. 하지만 이런 과정에서 얻는 경험과 성장도 중요하지 않을까? 한 번의 노력으로 성과가 나타나는 것은 거의 없다. 두 번, 세 번 반복하고 그 반복에서 성과가 나타나는 것을 생각해 보면 꾸준히 하지 못했다고 해도 그런 반복 속에서 성장하고 있는 것이다.

오십의 태도

무언가를 시작하고 꾸준히 하려면 반복이 필요하다. 반복은 하면 할수록 일상이 되고 지루해진다. 지루해지면 흥미가 사라지고 흥미를 느끼지 못하면 안 하게 된다. 결국 지루함과 사랑에 빠져야만 꾸준함을 가질 수 있다는 말이다.

피겨 여왕 김연아 선수가 했던 말이 생각난다. 김연아 선수에게 무슨 생각을 하며 운동을 하냐고 질문했더니 "무슨 생각을 해요. 그냥 하는 거죠"라고 답변했다고 한다. 그저 정해진 시간에 정해진 루틴대로 꾸준히 연습하며 묵묵히 지켜온 사람만이 할 수 있는 말이다. 블로그를 시작하고 매일 글을 포스팅하면서 이 말을 실감하고 있다. 함께 블로그를 시작하고 100일 글쓰기 프로젝트를 했던 이웃들은 점점 소식이 없다. 처음에는 1일 3포스팅을 했던 이웃도 지금은 글을 쓰지 않는다. 나 역시 중간중간 어려움이 있었지만 지금은 하루 루틴이 되어 실행하는 데 별 어려움은 없다. 글쓰기는 나에게 지루함이 아니라 즐거움과 활력을 주는 일이라 계속하고 있는지도 모른다.

오십이 되기 전에는 하고 싶은 일이 아니라 돈을 벌기 위한 일을 했다. 즐거움보다는 일을 해야 한다는 목적으로 무언가를 배우다 보니 힘이 들거나 체력이 받쳐주지 않으면 금방 포기하고 돌아섰다. 그러나 지금은 좋아하는 일을 찾아서 하나씩 실행해 나가고 있다. 그중 하나가 글쓰기다. 블로그 글쓰기는 수익이 되지는 않는다. 누가 시켜서 하는 것도 아니다. 그저 좋아서 하는 일이다 보니 경제적인 측면으로 보면 꾸준히 한다는 것도 무리일 수 있다. 아마 예전의 나였으면 지금쯤 성과가 나타나지 않으니 적당히 타협하려고 했을 것이다. 그러나 내가 하고 싶은 일은 생각보다 나를 성장시키고 있었다. 책을 읽고 글을 쓰고 사색하는 시간이 늘어나면서 조금씩 내적 성장을 이루고 있다.

얼마 전 KBS 다큐 인사이트 인생 정원 편에서 '40년 넘게 손수 가꿔온 나의 들꽃 정원을 소개합니다'라는 주제로 83세 안홍선 할머니의 시크릿 가든을 소개하는 영상을 보았다. 너른 정원에 누가 시키지도 않았는데 정원을 가꾸고 들꽃을 심는다. 그 연세에 넓은 정원을 관리하기가 힘들 만도 한데 꽃을 가꾸고 잡풀을 제거하며 인생 후반을 건강하게 살고 계시는 멋진 분이었다. 나이가 들어도 정말 좋아하는 일을 찾아 행복을 주고 기쁨을 얻으며 기꺼이 해내는 모습이 멋져 보였다. 좋아하는 일을 찾아야 꾸준하게 할 수 있다는 것을 다시 한번 느꼈다.

정말 좋아하는 일은 지루함이 없다. 그 일이 힘들고 때로는 어려워도 좋아하는 일을 찾으면 어떻게든 그것을 해내게 된다. 지금 하는 것들을 육십에도 칠십에도 하고 있을까를 스스로에게 물어보면 답이 나온다. 젊은 시절에는 성과를 내기 위해 꾸준함이 필요했고 목표가 필요했다면 오십에는 자신이 좋아하는 것을 찾아 그것을 꾸준하게 함으로써 성장해야 한다. 못 할 것도 없고 안 될 것도 없다.

오십의 태도

새로운
꿈을
꾸다

새로운 것을 시작하면서 처음부터 무언가가 되어야겠다고 생각한 적은 없었다. 어떻게 살아야 좋을지, 무엇을 하고 싶은지 생각하고 고민했지만 어떤 결과를 바라고 시작하지는 않았다. 그러나 블로그에 글을 쓰고 나를 알아가는 시간을 가지면서 나만의 꿈을 갖게 되고 그 꿈을 이루고 싶은 마음이 생겼다.

블로그에 글을 쓰는 사람이라면 한 번쯤은 책을 내고 싶은 마음이 생긴다. 블로그에 글을 쓴 지 얼마 안 되었지만, 잘 쓰고 싶은 마음에 이웃의 글쓰기 무료 강의를 신청해서 들었고, 유튜브에서 글쓰기 관련 영상도 찾아서 보았다. 블로그 글쓰기에 대한 책을 구입해서 읽었고, 글쓰기 관련 자료도 모았다. 여러 자료에서 강사들이 공통적으로 하는 얘기가 있었다. 바로 자신의 이야기로 자신의 글을 쓰라는 것

오십의 태도

이다. 자신의 이야기로 글을 쓰다 보면 그것이 한 권의 책이 되고 이야기가 된다는 말에 나 역시 나의 이야기를 써야겠다는 생각이 들었다. 신기하게도 나의 이야기를 쓰면 쓸수록 책을 내고 싶은 마음이 더 간절해졌다.

처음 블로그에 글을 쓸 때만 해도 나의 글이 누군가에게 도움이 되거나 공감을 줄 수 있다는 생각은 하지 못했다. 그전까지만 해도 블로그에 글을 쓰는 사람은 전문적이거나 나와는 다른 사람이라고 생각했기 때문이다. 내가 직접 글을 쓴다는 생각은 한 번도 해보지 않았다. 호기심으로 시작된 블로그 글쓰기는 생각보다 흥미로웠다. 내가 쓴 글에 누군가가 공감을 누르고 댓글을 단다는 것이 재미있고 신기하기도 했다. 블로그 이웃이 조금씩 늘어나면서 이웃들의 글을 읽고 소통을 시작했다. 똑같은 시기에 시작해서 월등하게 성장하는 이웃들을 보며 자극을 받기도 하고, 차츰 어떤 식으로 글을 써야 할지 조금씩 배우게 되었다.

먼저 글을 쓰기 시작한 이웃들이 한두 명씩 전자책을 출간했다. 한편으로는 부럽기도 하고 또 한편으로는 나도 할 수 있겠다는 희망이 생겼다. 조금 늦을 수는 있지만 내 속도로 꾸준히 나아가다 보면 나만의 책을 쓸 수 있지 않을까 하는 기대를 갖게 되었다. 오스틴 클레온의 《훔쳐라, 아티스트처럼》에서 앞으로 무엇이 될 것인가에 대한 답부터 찾은 다음 무언가를 시작했다면 아무것도 만들어내지 못한 채 존재에 대한 고민만 계속했을 것이라는 내용을 봤다. 무언가 하고 싶은 것이 있다면 일단은 시작하고 볼 일이다.

전자책에 관심을 가지던 중 이웃 블로그에서 전자책과 종이책 프로젝트에 대한 포스팅을 보게 되었다. 포스팅을 보고는 오히려 종이책 프로젝트에 마음이 더 끌렸다. 약간의 고민을 하다가 바로 신청했다. 끌리는 데는 그리 긴 시간이 걸리지 않는다. 여러 글쓰기 강의를 들었지만 바로 신청하지 않았다. 조금 더 나에 대한 확신이 생기면 그때 가서 하자고 미뤘다. 그런데 종이책 프로젝트는 직접 강의를 듣지 않았는데도 불구하고 글만 읽고 신청했다.

막상 프로젝트 신청을 하고 나니 걱정이 돼서 잠이 오지 않았다. 밤새 어떻게 하는 게 좋을까 생각하느라 잠도 설쳤다. 돈도 돈이지만 잘할 수 있을까 걱정이 됐다. 나의 책을 쓰고 싶다는 생각은 있었지만 우연히 본 글에 참여 신청을 하고 보니 잘한 일인가 하는 생각에 마음이 복잡했다. 아침이 밝자 안 한다고 결정을 내리고 식사 중 가족들에게 고민을 털어놓았다. 그런데 가족들의 반응이 의외였다. 하고 싶어서 신청한 거면 고민하지 말고 도전해 보라는 것이다. 그러면서 "엄마도 우리가 무언가를 할지 말지 고민하면 경험비는 아끼지 말라고 하면서 왜 엄마는 고민하냐"라는 것이다. 듣고 보니 맞는 말이다. '뭐든 해봐야 알지. 잘못될 게 뭐가 있어? 그래 봐야 경험비인데'라는 게 가족들의 반응이다. 순간 머리를 한 대 얻어맞은 듯했다. 딸들에게는 뭐든 도전해 보라고, 해봐야 안다고 얘기했으면서, 정작 나는 도전을 두려워하고 미루려고 했다. 새로운 것에 대한 두려움에 포기할 뻔한 나

오십의 태도

의 용기에 대해 다시 생각해 보게 되었다.

　몇 년 전 부동산 투자 강의를 들을 때 강사가 말했다.

　"사람들은 자신의 성장에 투자하는 그 얼마 안 되는 금액이 아까워 관심을 가지면서도 배우려 하지 않는다. 관심은 있지만 강의를 듣지 않고 투자 설명회도 다니지 않는다."

　나 또한 경험에 투자하는 비용을 아낀다는 명목으로 도전을 두려워하고 용기를 내지 못해 주저앉을 뻔했다. 가족들에게 물어보길 참 잘했다.

　나이가 들면 뭐든 결정하기가 쉽지 않다. 잘못되면 어떡하지? 하는 만큼 성과가 안 나오면 어떡하지? 그게 어디 쉽겠어? 에이, 안 될 거야! 많은 생각에 결정을 미루게 된다. 그러나 지금은 안다. 경험은 결국 나를 성장시키는 도구가 된다는 것을. 그것이 실패로 돌아가든 성과가 나타나든 경험을 통해 나는 또 어떻게든 성장한다는 것을 비로소 느낀다.

　2024년 3월 11일, 종이책 쓰기 프로젝트를 시작했다. 걱정 반 기대 반으로 시작한 프로젝트지만 시작하니 결과도 얻게 되었다. 설령 어떤 것을 시작하고 결과가 기대에 못 미치더라도 반드시 얻는 것이 있기에 프로젝트에 맞춰 하나씩 실행해 나갔다. 출간 계획서를 준비하고 샘플 원고를 쓰고 여러 출판사에 원고 투고 메일을 보냈다. 기대를 안 했다고 하면 거짓말일 것이다. 약간의 기대와 설렘으로 원고 투고 메일을 보냈다. 출간이 어렵다는 거절 메일도 많이 받았고 출간 여부를 검토 후 연락하겠다는 메일도 받았다. 며칠 뒤 생각지도 못한 출판 계약 제안을 받았다. 정말 꿈만 같았다. 결과적으로 다섯 군데 출판사에서 출간 제안을 받았고 일주일 내내 행복한 고민을 했다.

시작은 늘 두렵다. 당연하다. 떨리는 마음으로 첫 프로젝트 수업에 참여했을 때 각오를 발표하는 시간이 있었다. 나는 지천명의 나이가 되어서야 나의 꿈을 처음으로 적어보았다. 떨리는 목소리로 그 꿈을 말했다. "2024년에 나는 작가가 된다. 책을 내고 베스트셀러에 오른 작가가 된다"라고. 매일 아침 알람에도 "나는 2024년 작가가 된다. 강연도 하고, 인터뷰도 하는 나는 작가다"라고 설정해 놓고 하루를 시작했다.

꿈은 꾸어야 이룰 수 있고, 포기하지 않는 한 반드시 이루어진다. 자신만의 속도로 그냥 하면 된다. 《훔쳐라, 아티스트처럼》에서는 진짜 '그 사람'이 될 때까지 그 사람인 척하라고 말한다. 내가 되고 싶어 했던 '그 사람'이 이미 된 것처럼 행동하고 세상 사람들이 나를 '그 사람'으로 봐줄 때까지 '그 사람'인 척하라고 말이다. 현재의 직업이 아니라 원하는 직업에 어울리는 옷을 입고, 원하는 일을 시작하라고 말한다.

"시작할 때는 가짜일지언정 마지막에는 진짜가 돼라"라는 글렌 오브라이언의 말처럼 나는 작가가 될 때까지 작가인 척할 것이다. 처음 꿈을 적을 때부터 이미 작가인 척했고 지금도 작가인 척하고 있다.

오십의 태도

나의 이름으로 책이 나오고 나의 글이 많은 사람에게 공감과 격려를
줄 수 있는 그날까지.

나는 오늘도

인생 후반의
즐거움을 꿈꾼다

지금 내 삶에
   가장 중요한
것들

매년 봄이 되면 한 번씩 하는 행사가 있다. 겨우내 추위로 묵었던 집 안을 환기시키고 청소하고 필요 없는 물건과 옷장을 정리하는 일이다. 평소 정리를 잘한다고 생각했는데도 마음먹고 정리하면 버릴 물건이 어김없이 나온다.

몇 달 전 큰딸이 이직하면서 독립을 했다. 직장에서 오피스텔을 구해줘서 두 명이 함께 집을 쓴다고 했다. 간단한 필수품을 사고 짐을 옮겼다. 큰딸의 선택이니 뭐라 말할 수는 없지만 집에서 편하게 살다가 자취한다고 짐을 싸는 모양새가 마음에 걸렸다. 뭐든 편하게 해주고 싶은 게 부모인지라 작은 불편도 마음에 걸리는 건 당연지사다. 두 명이 쓰는 자취방이라 물건을 많이 가져갈 수도 없고 필요한 물건만 챙겨서 일단 생활해 보고 필요하면 구입하겠다는 큰딸의 의견을 받아들였다. 안쓰럽기도 했지만 자신의 선택과 결정에 그만한 각오도 있어야 한다는 생각도 들었다. 자취방에 이불과 옷, 생활용품을 정리해 주고 단출한 살림을 보니 또 마음이 쓰인다. 일주일이 지나 큰딸이 집에 왔다. 일주일 살아보니 어때? 불편하진 않아? 뭐 더 필요한 건 없어? 엄마의 계속되는 질문 공세에도 큰딸은 전혀 문제가 없다고 답한다. 생각해 보면 사람이 살아가는 데는 많은 물건이 필요하지 않다. 그 단출한 살림에도 별문제가 없다는 것도 어찌 보면 놀라운 일은 아니다.

옷장 정리를 할 때마다 참 옷도 많은데 쓸데없이 많다는 생각이 든다. 그 많은 옷 중에 입는 옷은 한정되어 있다. 꼭 내 얘기만도 아니다. 남편 역시 입는 옷은 한정적이다. 그럼, 저 많은 옷을 왜 버리지 못할까, 예뻐서 산 옷이 한 번 입고 걸려 있고, 누군가에게 선물받은 옷이 내 스타일이 아니어서 걸려 있고, 유행은 지났어도 비싸게 산 옷이라 버리기 아까워서 걸려 있고, 각각 걸려 있는 이유가 있었다. 좀 더 심플하고 단순하게 살 필요를 느낀다.

평소 정리 수납에 관심이 많고 물건이 정리되지 않으면 스트레스를 받았기에 코로나 때 전문적으로 정리 수납을 해볼까 싶어서 정리수납전문가 자격증을 땄다. 물건을 수시로 정리하고 생활에 불필요한 물건을 남기지 않으려고 노력했지만 대청소를 할 때마다 버릴 물건이 쌓인다는 것이 신기하다. 내가 생각하는 미니멀라이프는 아무것도 없이 휑한 분위기는 아니다. 어떤 방식을 따르거나 획일적인 방법보다는 자신의 삶에 맞게 가치 있고 필요한 물건들로만 살아가자는 것이 내가 원하는 미니멀라이프다. 필요 없는 물건에 에너지를 덜 쏟고 중요하게 생각하는 것에 에너지를 쏟는 것, 이것이 나에게 맞는 삶을 살아가는 방법이다.

무언가를 살 때는 합당한 이유가 있다고 생각하고 합리화하지만, 막상 그것을 산 뒤에 보면 합당한 이유보다 생각 없는 소비 때문인 경우가 많다. 나만 해도 어떤 물건을 살 때 꼭 필요한 물건이라기보다는 약간의 기분 전환을 위해 즉흥적으로 소비할 때가 많다. 원래 필요했던 물건이 아니고 사려고 했던 물건이 아닌데도 할인한다는 이유로, 싸다는 이유로 덥석 구입한다. 하지만 이 물건들은 곧 기억에서 잊힌 채 먼지만 쌓이다 결국은 버려진다. 얼마 지나면 또 새로운 물건에 눈독을 들이고 이런 과정이 반복된다. 이 과정에 낭비되는 것은 돈뿐만이 아니다. 관심을 가지고 쇼핑에 들인 시간과 공간, 소비하며 관리하며 쏟게 되는 에너지를 대가로 치른다.

나는 화초 키우는 걸 좋아한다. 예쁘기도 하고 잘 자라는 식물을 보고 있으면 기분도 좋아져서 베란다가 가득 찰 정도로 화초를 키웠다. 물론 식물 키우기가 뭐가 문제일까 싶지만, 사람의 욕심은 한 가지에 취미를 들이면 집착하게 된다는 것이다. 적당한 식물로 기분 전환을 하면 좋은데, 한번 식물 키우기에 빠지면 예쁜 화초를 보면 마음이 설레 집으로 안 데리고 올 수가 없다. 그렇게 늘어난 화초는 베란다에서 시작해 거실로, 창문으로, 집 안 곳곳 둘 수 있는 모든 곳을 채우게 되었다. 늘어난 화초는 나의 일상에 기쁨을 주기도 하지만 관리하는 데 너무 많은 시간과 에너지를 쏟게 만든다. 어느 날 취미도 버거움으로 느껴져 딱 필요한 정도만 남기고 다 정리하고 나니 공간이 달라졌다. 나만 좋아하던 공간에서 가족이 함께 쓸 수 있는 공간으로 바뀌게 되었다. 예전에는 화초에 물을 주고 관리하는 데 3시간이 걸렸다면 지금은 3분 내로 가능하다. 이런 노력 덕분에 더 큰 집으로 이사하고 싶은 마음이 사라졌다. 화초에 들였던 시간과 돈은 이제는 다른 것에 쓴다. 단순할수록 더 여유로워진다.

단순함은 마음의 평화를 준다. 정리 정돈된 공간은 편안한 환경을 제공해 주고 안정을 준다. 물론 많은 화초를 키울 때도 나름 좋은 점이 있었다. 그러나 취미가 소유욕이 되지 않도록 적당한 선을 지킬 수 있어야 한다. 불필요한 소비를 줄이고 필요한 것에 집중하며 사는 삶이 생활의 질을 더 높여준다.

옷장 정리를 마치고 버릴 옷을 꺼내면 그곳에도 숨통이 트일 만큼의 바람이 분다. 빼곡하게 겹쳐 있던 옷이 나름 숨을 쉬며 살랑거리는 것 같다. 버릴 때만 해도 아깝기도 하고 언젠가는 입을 것 같던 옷을 정리하고 한 달이 지났다. 그런데 있었는지 없었는지 기억조차 나지 않는 것을 보면, 물건에 대한 집착을 버리고 과감히 정리하는 것이 맞다는 생각이 든다. 물론 가끔은 괜히 버렸다 싶은 물건도 있지만 크게 신경 써야 할 만큼 중요한 물건은 아니었다.

생각해 보면 필요 없는 물건을 정리하고 버리는 것도 중요하지

오십의 태도

만 좀 더 의식적으로 소비해야겠다고 생각한다. 소비를 하면서 삶을 충족시키는 것보다, 삶에서 중요한 것에 만족을 느끼고 집중하며 채워나가는 것이 삶을 더 풍족하게 만든다. 인생에서 가장 중요한 것을 떠올릴 때 물건을 생각하는 사람은 아마도 없을 것이다.

　　인상 깊은 블로그 이웃의 글을 보았다. 모든 사람이 부러워했지만 정작 자신의 삶을 뼈저리게 후회한 한 사람, 세계적으로 유명한 모델이자 패션 디자이너이며 작가와 화가 활동도 했을 정도로 다재다능했던 인도의 크리시다 로드리게스의 이야기다. 그녀는 암에 걸려 치료를 받던 중 많은 사람이 읽기 바라는 마음으로 글을 남겼다.

　　"나는 많은 사람이 선망하는 유명한 차를 갖고 있다. 그러나 지금은 병원 휠체어에 앉아 있다. 내 집에는 다양한 디자인의 옷과 신발, 장신구 등 비싼 물건이 많다. 그러나 지금은 병원의 하얀 환자복을 입고 있다. 나는 은행에 돈을 모아놓았다. 그러나 지금 내 병은 그 돈으로도 고칠 수 없다. 내 집은 왕궁처럼 크고 대단하다. 그러나 지금은 병원 침대 하나에만 의지해 누워 있다. 나는 별 5개짜리 호텔을 바꿔가며 머물렀다. 그러나 지금은 병원 내 검사소를 옮겨 다니며 머물고 있다. 나는 유명 디자이너로 계약 시 내 이름으로 사인을 했다. 그러나 지금은 병원의 진단 검사지에 사인을 하고 있다. 나는 보석으로 만든 머리 장식품이 많다. 그러나 지금은 비싼 보석으로 장식할 머리카락이 없다. 나는 자가용과 비행기로 어디든 다녔다. 그러나 지금은 누군가가 밀어주는 휠체어에 앉아 있다. 나는 비싼 식료품이 많이 있었다. 그러나 지금은 주위에 약 먹을 물만 있다. 비행기, 보석, 장식품, 비싼 옷, 많은 돈, 비싼 차 다 있지만 지금 나를 보호할 수 있는 것은 아무것도 없다. 오직 드리고 싶은 말은 사람이 살아갈 때는 다른 사람에게 이익이 되길 기원하고 타인을 돕는 것, 이것이 가장 중요하다는 것이다. 우리 생은 너무나 짧다. 이 한 생애에 정말 필요한 것은 비싼 물건이 아니라 타인의 행복을 위해 도움을 주는 것이다. 나는 사람들과 함께 나누며 살지 못한 것이 가장 후회된다."

그녀는 이 글을 남기고 이틀 후 40세의 나이로 운명했다. 우리 삶에서 가장 중요한 것이 무엇인지 진지하게 생각해 봐야 한다. 인간은 늘 많은 것을 소유하고 가지려는 욕망으로 가득하다. 오늘은 조금 비우고 지금 가지고 있는 것에 감사함을 느껴보자.

오십, 부부의
세계

중년으로 접어든 부부 사이에서는 남편은 내 편이 아니라 남의 편이라는 표현을 많이 쓴다. 그만큼 편할 대로 편해서 동지애를 느낀다는 것이다. 내가 엄마로, 아내로, 딸로 치열하게 살아온 만큼 남편도 아빠로, 남편으로, 아들로 무게를 느끼며 중년이 되었을 것이다. 함께 동고동락하며 지내온 세월만큼 서로 익숙해지고 때로는 데면데면해질 수밖에 없다. 그런 찰나의 틈을 타 자신의 쾌락과 욕구가 다른 곳을 향하면 그것이 중년의 불륜으로 연결되는 것이다.

2020년 화제를 불러일으켰던 드라마 〈부부의 세계〉도 사랑이라고 믿었던 부부의 연이 배신으로 이어지는 내용이다. 남편 역인 이태오가 "사랑에 빠진 게 죄는 아니잖아!" "내가 두 사람을 동시에 사랑하는 거야"라는 말도 안 되는 말로 중년 여성들의 마음을 내리치기도 했

오십의 태도

다. 각자 열심히 살았고 자식에 대한 사랑과 부모로서 역할에는 충실했으나 부부의 사랑만큼은 온도차가 달랐던 중년의 성을 다룬 드라마다. 이 드라마가 핫할 수 있었던 것은 중년이면 누구나 한 번쯤은 공감할 수밖에 없는 예민한 문제를 세상 밖으로 꺼냈기 때문은 아닐까?

중년의 나이가 되면 외로움과 공허함, 허무함 등 여러 감정이 교차한다. 여자나 남자나 차이는 있을지 몰라도 비슷하게 느낄 것이다. 이런 때 다른 곳으로 마음과 눈이 가면 부부관계는 무너진다. 그래서 나이가 들수록 바깥이 아닌 안에서 삶의 중심을 찾고 노력해야 한다는 말이 있나 보다. 부부관계는 좋다가도 한번 어긋나기 시작하면 걷잡을 수 없이 어긋나기도 한다. 물론 부부싸움은 칼로 물 베기라는 말도 있지만 한순간의 잘못된 선택으로 이혼을 결정하기도 하고 남보다 못한 사이가 되어 원수 보듯 살아가는 부부도 있다.

성인 자녀가 분가하거나 각자의 삶을 사느라 바쁜 시기가 되면 자녀들은 얼굴 보기도 힘들고 오롯이 부부만의 시간을 보낼 때가 많다. 주변 분들에게 이야기를 들으면 부부만 남았을 때 사이가 더 좋아지는 부부도 있지만, 서먹서먹해지기도 한단다. 왜 아니겠는가? 힘든 사회에 적응하며 자녀들 뒷바라지하고 바쁘게 살다가 나도 모르게 뒤돌아보니 중년이 되었다. 즐겁고 좋은 날보다 힘들고 어려웠던 날이 더 많았을 것이다. 애지중지 키워온 자식들은 각자가 살기 바쁘다. 그렇게 앞만 보고 달리다 보니 부부 사이는 소원해지고 데면데면해진 관계가 중년 부부의 현실일 것이다.

그렇게 소원해진 상태에서 한눈을 파는 부부도 있을 것이고 각자 새로운 삶을 찾는 경우도 있을 것이다. 몇십 년 동안 결혼 생활을 하면서 권태와 위기를 겪어보지 않은 부부가 있을까? 나 역시 중년이 되어 처음 겪은 남편의 배신에 쓴맛을 본 적이 있다. 한순간의 일탈로 믿음을 잃고 신임을 잃은 일이 내게도 있었다. 지금은 지난 일이고 아무렇지 않지만, 그 일로 나는 이틀 동안 집을 나가 방황했다. 내가 온전히 잘 살아왔다 믿었건만, 내 삶이 송두리째 무너지는 아픔을 느꼈다. 지금은 흔한 에피소드로 마무리되었지만, 그때의 슬픔과 분노는 때때로 기억으로 찾아오곤 한다.

그럼에도 불구하고 부부의 삶은 계속된다. 젊을 때만 해도 이런 상황이 생기면 '나는 절대 못 산다. 그냥 이혼해야지. 미쳤어. 그 꼴을 보게'라는 말로 타협하지 않으려고 했다. 그러나 이 나이가 되고 보니 남편과의 타협이 아닌 나 스스로와 타협하게 된다. 결론은 이 일을 계기로 우리 부부 사이는 더 좋아졌다. 비 온 뒤에 땅이 굳는다고 하지 않던가? 물론 돌이킬 수 없는 남편의 행보가 아니고 잠깐의 일탈로 일어난 일이라 넘어갈 수 있었던 부분이다. 잠깐의 위기를 넘어 여전히 사랑하는 부부로 잘 살고 있음을 느낀다. 부부는 함께 나이 듦으로써 서로의 변화를 사랑으로 받아들인다. 우리 부부는 조금은 데면데면할 수 있는 것을 재미난 거리로 만들고 추억을 쌓는 여행을 자주 다니며 작은 일에도 응원해 주려고 노력한다.

미국 코넬대학 연구팀에서는 다양한 문화 배경을 가진 남녀

오십의 태도

5,000명을 대상으로 연구를 진행했고, 그 결과 격정적인 사랑의 유효 기간은 18개월에서 30개월 사이인 것으로 밝혀졌다. 그렇게 열렬히 사랑해도 고작 1년에서 3년밖에 안 되는 것이다. 평생을 사랑하겠다고 맹세한 결혼이지만 열렬한 사랑도 고작 길어야 3년이면 끝난다. 3년 이후에는 사랑의 열정은 쪼그라들고 아이들에게 정성과 헌신을 쏟으며 유지되는 기간이라고 봐도 무방할 것이다.

중년 부부의 사랑은 다시 시작되어야 한다. 남편은 남의 편이 아닌 내 편이어야 한다. 그동안 자식들 키우느라 줬던 사랑을 다시 부부에게 돌려야 한다. 2024년 평균 기대 수명은 82.7세이며 계속 늘어나고 있다. 결혼 연령이 늦어졌다고는 해도 우리 세대에 결혼한 중년 부부들은 이혼하지 않고 계속 산다고 가정했을 때 100세 시대에 평균 30년은 앞으로 함께 살아야 한다. 중년 이후 안 좋은 관계로 살기에는 우리의 노년이 너무 불행하지 않을까? 인터넷에서 중년의 사랑을 동반자적 사랑으로 표현하는 글을 읽었다. 함께 살다 보면 사랑보다는 동료에게서 느끼는 감정과 같은 동지애를 느낀다고 한다. 이런 관계는 권태기에서 겪게 되는 위기를 이겨내고 안정기에 접어든 부부들에게서 보이는 사랑이라고 한다. 나 역시 중년의 사랑은 이런 동반자적 사랑의 의미가 크다는 생각이 든다. 열렬한 성적 관계를 지나 정신적으로 신뢰하며 믿고 의지하는 마음이 더 커지는 것도 이 때문이 아닐까 생각해 본다. 동반자적 사랑을 나누고 있는지 확인할 수 있는 간단한 질문도 있다.

- 아침에 일어나 포옹하며 인사한다.

- 하루에도 여러 번 서로를 꼭 안아준다.

- 재미있는 일이나 뉴스가 있으면 먼저 알려주고 얘기를 나눈다.

- 서로 사랑을 표현한다.

- 배우자가 말할 때 경청한다.

- 배우자의 장점을 칭찬하고 단점을 감싸주려고 노력한다.

- 서로의 일과를 공유한다.

- 고민이 생기면 주저 없이 배우자에게 얘기한다.

- 함께하는 미래에 대한 구체적인 계획을 같이 세우고 같이 실천한다.

- 둘의 관계에 문제가 있지 않은지 자주 이야기를 나눈다.

- 힘든 일은 없는지 자주 묻고 서로 조언을 구한다.

- 서로 응원하며 격려를 멈추지 않는다.

- 성적 매력을 잃지 않기 위해 노력한다.

데일 카네기의 《인간관계론》에서도 '결혼 생활을 행복하게 만드는 일곱 가지 비결'을 소개했다. 잔소리를 하지 마라, 배우자를 바꾸려 들지 마라, 비판하지 마라, 진심으로 칭찬해 주어라, 작은 관심을 보여라, 예의를 차려라, 성적 측면에 관한 좋은 책을 읽어라. 이 중 가장 마음에 와닿는 비결은 두 번째다. 생각해 보면 결혼할 때는 남편의 어떤 모습에 반해 결혼했으면서도 30년 가까이 함께 살고도 아직 버리지 못하는 한 가지가 있다. '우리 남편은 진짜 그게 싫어. 왜 안 바꿔

오십의 태도

는지 몰라'다. 배우자를 바꾸려거든 그냥 통으로 바꾸는 것이 더 현명한 방법이 아닐까 생각해 본다.

그렇다고 중년 부부의 사랑을 단순히 동반자적 사랑이니 동지애를 느끼는 전우 같다는 표현으로 몰아가기에는 아직 너무 젊다는 생각이 든다. 앞서 언급했던 〈부부의 세계〉 역시 중년의 불륜이 아닌가. 물론 드라마가 현실과 같다고 얘기할 수 없지만, 이런 내용의 드라마가 지금 현실을 살아가는 우리에게 이슈가 된다는 것은 그만큼 무시할 수도 없는 내용이기 때문일 것이다. 중년의 나이에 성적인 매력만을 가지고 이야기한다는 것도 어불성설이다. 하지만 100세 시대를 살아가는 지금, 중년 부부의 관계에서 성을 논하지 않고 감추는 데 급급한 것도 맞지 않다.

노력 없이 얻는 것은 없다. 물론 부부관계는 혼자 노력한다고 되는 것도 아니다. 서로에 대한 신뢰가 기본이 되어야 한다. 건강한 몸을 유지하도록 노력하고, 함께 나이 들어감을 소중하게 느끼고, 작은 것에도 당연함 없이 감사한 마음을 갖는 것. 남편은 남의 편이 아니라 나의 편이 되어야 한다. 중년, 아직 사랑하기에 늦지 않았다. 중년 부부의 사랑은 계속되어야 한다.

이제 조금
알 것 같은
부모 노릇

우리는 살아가면서 갈등이나 문제가 생겼을 때 내가 아닌 상대에게서 문제를 보고 바꾸려고 한다. 나의 잘못보다는 상대의 잘못과 문제가 먼저 보이는 것이다. 〈오은영의 금쪽같은 내 새끼〉라는 프로그램에서는 의뢰인들이 자식에 대한 고민을 털어놓고 오은영 박사와 출연진이 함께 대화하고 심리를 파악하며 솔루션이 진행된다. 즉, 영상을 본 후 문제를 파악하고 의뢰인들에게 맞는 처방과 해결책을 주는 프로그램이다. 〈금쪽같은 내 새끼〉를 볼 때마다 드는 생각이 있다. 의뢰인들의 고민은 모두 제각각이고 다르지만 어떤 문제의 현상을 자신의 문제로 생각하기보다는 상대에게서 문제의 원인을 본다는 것이다. 지금 일어나는 상황을 부모의 문제라고 보기보다는 자식의 행동과 반응을 문제 삼고 그것을 해결하려고 한다.

나는 오십이 넘었다. 두 딸은 20대 후반의 나이가 되었다. 그럼에도 이 프로그램을 보면서 과거의 나를 반성하게 된다. 지금 생각해 보면 창피하고 부모로서 성숙하지 못했다는 생각이 든다. 그럼에도 불구하고 잘 큰 딸들이 고맙고 예쁘다. 딸들과 대화하다가 가끔 어릴 적 일을 얘기할 때가 있다. 지금은 스스럼없이 얘기하지만 그때만 해도 딸들은 엄마한테는 말도 못 하고 눈물만 흘렸다고 한다.

"나는 엄마가 정말 무서웠어. 엄마가 하는 말은 무조건 들어야 한다고 생각했으니까."

"그래서 하고 싶은 것이 있어도 말을 못 했어. 생각해 보면 그때는 엄마가 정말 싫었어."

작은딸이 중학교 1학년 때 학교에서 체험활동으로 에버랜드를 간 적이 있었다. 친구들은 학교 활동이 끝나고 저녁 늦게까지 놀다 간다고 부모님께 허락을 받았다며 작은딸도 친구들과 놀고 싶은 마음에 전화를 했다.

"엄마, 나 지금 학교 활동은 다 끝났는데 친구들하고 놀다 가면 안 돼?"

"무슨 소리야. 학교 활동 끝났으면 집으로 와야지. 안 돼. 너는 왜 계획에도 없는 걸 갑자기 하겠다고 하는 거야?"

"엄마, 안 돼?"

"안 된다니까! 위험하게 무슨 저녁까지 놀다 와! 빨리 와."

엄마의 호통 소리에 어쩔 수 없이 작은딸은 버스와 지하철을 타고 집으로 왔다. 낯선 곳에서 혼자 지하철을 탈 일이 없던 터라 길도 헤매고 버스 시간을 기다리느라 한참이 걸려 밤 9시가 넘어서야 집에 도착했다. 저녁 시간이 한참 지나서 집에 온 작은딸은 거의 울상을 하고는 밥도 안 먹고 방으로 들어갔다. 다음 날 안 사실이지만 친구들은 늦게까지 놀다가 친구 아빠가 차를 가지고 태우러 왔다고 한다. 그 친구들은 늦게까지 놀다가 집에 온 시간이 밤 9시였다는 것이다. 얼마나 억울했을지 말만 들어도 느껴진다.

나는 무서운 엄마였다. 딸들이 잘 크기를 바라는 마음에 엄격하게 할 수밖에 없었다는 건 나의 변명일 것이다. 지금 생각하면 그렇게 하지 않아도 충분히 잘 컸을 텐데, 아니 지금보다 더 잘 컸을 수도 있다. 나의 걱정과 예민함이 딸들을 소심하고 자신감 없는 아이로 성장하게 만든 건 아니었나 하는 반성이 든다. 딸들은 내 성향을 별로 닮지 않았다. 아마도 아빠의 성향이 80퍼센트, 내 성향이 20퍼센트 정도 되려나. 남편은 성격이 온순하고 상대를 배려할 줄 아는 속 깊은 사람이다. 그런 남편이 나처럼 원리 원칙 따지기를 좋아하는 사람을 만났으니, 아이들을 키울 때도 얼마나 답답하고 숨이 막혔을까? 결혼 전 한창때야 서로 다른 매력에 빠져 부부가 되었다고 해도 아이들을 키울 때만큼은 의견 차이가 다르면 힘들다. 그런데도 한 번도 내색하지 않고 나의 의견을 따라준 것도 지금 생각해 보면 정말 고마울 따름이다. 그때는 그 모든 게 왜 당연하다고 생각했을까?

남편뿐 아니라 딸들은 더 했을 것이다. 내 자식으로서가 아니라 성인 대 성인으로 봐도 우리 딸들은 잘 컸다. 어른 공경하고 상대에 대한 배려가 있는 아이들로 자랐다. 시아버님도, 친정 부모님도 딸들을 보면 늘 "너는 참 자식 잘 키웠다. 느그 애기들처럼 어른들 잘 챙기는 애들도 요즘 드물다. 다 니 복이여"라고 하신다. 그런 말씀을 들을 때면 "제가 잘 키운 게 아니고 아이들이 잘 커준 거예요"라고 하지만 마음은 편치만은 않다.

지금도 작은딸에게는 커다란 마음의 빚을 안고 있다. 작은딸은 유독 사춘기가 빨리 와서 초등학교 5학년 후반부터 나를 힘들게 했다. 작은 사건부터 큰 사건까지 엄마의 마음을 한시도 편하게 해주는 딸이 아니었다. 친구 문제, 학교 문제 등 작은딸로 인해 운 날도 많고 가슴 치며 조마조마했던 날이 한두 번이 아니었다. 그러다 보니 작은딸과는 사사건건 부딪쳤다. 말 한마디에도 신경질적이고 날카로웠다. 그렇게 어려운 사춘기를 보내고 조금은 괜찮아지겠지 싶었지만 지금도 잊지 못할 일이 벌어졌다. 막 대학교에 입학한 딸은 이제 성인이 되었고 머리가 커졌다. 그동안은 엄마가 하는 잔소리를 듣기 싫어도 듣고 있었다면 대학생이 되고는 들으려고도 하지 않았다. 친구들을 좋아해서 밤늦게까지 노는 걸 좋아했고 나의 참견과 간섭은 작은딸을 더욱더 반항적으로 만들었다. 그동안 억눌러 온 반항심이 최고조를 달릴 때였다. 걱정과 불안에 잠을 못 이룬 날이 계속되고 작은딸의 반항에 남편과 나 역시 곪을 대로 곪아 있었다. 그날도 작은딸은 친구들과 늦게까지 놀고 새벽 4시에 집에 들어왔다. 술에 취해 비틀거리

오십의 태도

며 들어오는 작은딸을 향해 나는 막말을 쏟아부었다.

"너 진짜 미쳤구나? 이렇게 막 나갈 거면 아예 집을 나가! 지금 시간이 몇 시인데 연락도 안 하고 전화도 안 받고 이게 뭐 하는 거야? 너 때문에 식구들이 잠도 못 자고 기다리는 거 안 보여?"

"뭐, 이 시간이 뭐 어때서! 친구들도 다 이 시간까지 놀아. 지금 나가봐 노는 애들 천지야! 왜 맨날 나만 갖고 그래. 내가 뭘 잘못했다고. 진짜 나도 힘들어. 나도 죽고 싶어. 죽고 싶다고!"

고래고래 소리를 지르는 작은딸을 보며 참을 수 없는 분노를 느꼈다.

"뭐라고, 진짜 미쳐가는구나. 미친년이 다 됐네. 할 말이 따로 있지. 그래, 한번 죽어봐. 뭐 때문에 죽고 싶다는 건지 보자. 배가 불렀지. 지금 힘들게 사는 애들이 얼마나 많은데 정신도 없이 미쳐가냐."

한참 실랑이하다가 순간 일이 잘못되었다. 작은딸이 아파트 17층에서 문을 열더니 창문 밖으로 뛰어내리려는 행동을 하는 것이었다. 지금 생각해도 아찔하고 끔찍한 순간이었다. 설사 술 먹고 제정신이 아닌 상태에서 한 행동이라고 해도 가족 모두에게 큰 충격을 주었다. 지금은 그때의 일을 일부러 얘기하지 않지만 아직도 너무 큰 아픔으로 남아 있다. 가까스로 흥분을 가라앉히고 일단락되었지만, 그날 이후 자식만큼은 부모 마음대로 안 된다는 것을 조금씩 깨닫게 되었다. 하고 싶은 말이 있어도 조금씩 참게 되었고 화가 나도 스스로 해결하려고 노력했다.

법륜 스님의 법문을 듣고 한 달간 절 수련을 했다. 절 수련을 하면서 매일 울었고 매일 반성했다. 자식과의 갈등에 대한 법륜 스님의 말씀을 들으며 조금씩 나를 내려놓을 수 있었다. 그 이후에도 속상한 일이 있거나 답답한 일이 있으면 법륜 스님의 말씀을 듣고 절 수련을 한다. 기분이 풀릴 때까지 절 수련을 하고 나면 문제는 상대가 아닌 나에게 있다는 결론으로 끝난다. 법륜 스님은 내 인생의 멘토이자 은인이라고 할 수 있다. 법륜 스님의 말씀은 지금도 인생이 힘들 때 길을 밝혀주는 등불 같다.

그렇게 시간이 흐르고 딸들은 이제 서른을 바라보는 나이가 되었고 지금에서야 비로소 내가 잘못했다는 것을 깨닫게 되었다. 부모로서 성숙하지 못했고 지혜롭지 못했다. 그때를 생각하면 딸들에게 한없이 미안할 뿐이다. 그때 그렇게 아이들을 억압하고 통제하고 내 기준대로, 내 뜻대로, 내 욕심을 부리며 키우지 않았어도 아이들은 자신의 가치를 알며 충분히 잘 자랐을 것이다. 부족한 엄마로 인해 겪지 않아도 될 일을 겪게 한 건 아닌지 되돌아보게 된다.

작년에 작은딸이 독립했다. 큰딸도 이직하며 기숙사 생활을 하게 되었다. 딸들을 조금은 자유롭게 인정하고 대하는 사이가 되고부터 우리 가족은 좀 더 유연한 관계가 되었다. 주변에 가족 문제로 힘들어하는 사람들이 참 많다. 그때나 지금이나 가족의 문제는 남과의 문제와는 다르다. 남은 안 보면 그만이지만 가족은 조금 성격이 다르다. 가끔 지인들을 만나 사춘기 아이들의 고민을 들을 때면 나 같은 실수를 하지 않았으면 해서 자녀에 대한 간섭은 최소한으로 하라고 말한다.

누구에게 조언할 만한 주제도 못 되지만 자식은 있는 그대로 인정해 주고 믿어주기만 해도 충분히 잘 큰다. 부모의 욕심으로 기대하고 자식이 원하는 삶이 아닌 부모가 원하는 기준에 맞추려고 하는 게 문제다. 다른 건 몰라도 자식은 부모 마음대로 되지 않는다는 것을 이제야 조금은 알 것 같다. 부모 노릇도 조금씩 성숙해지고 있음을 느낀다. 인생은 늘 모르는 것투성이고 지나고 나서야 알게 되는 것이 너무 많다. 특히 자식 문제가 그렇다. 그래서 부모가 자식에게 하는 대표적인 한탄이 "그래, 너도 부모가 되면 내 마음을 알게 되겠지. 너도 너 같은 자식 낳아서 길러봐라. 그럼 알게 된다"가 아닐까?

내 부모님들도 이런 과정을 거치면서 나를 키웠을 것이다. 오십의 나이가 되고 보니 가족은 각자 자신의 자리에서 각자의 몫을 해줄 때 결속력이 더 단단해지고 강해진다는 느낌이 든다. 서로를 인정하고 각자 자리에서 알아서 잘 살아주기. 함께 부대끼며 산다고 잘 사는 게 아니고 떨어져 있어도 가족은 얼마든지 결속력을 다지며 잘 지낼수 있다. 자식이 성인이 되면 법륜 스님의 말씀대로 떨어져 살 것을 권장하고 싶다. 각자 따로 또 같이.

그때는 모르고
　지금은 알게 되는
것들

아침부터 집 안이 깨 볶는 냄새로 가득하다. 어버이날을 맞아 시댁에 다녀왔다. 아버님과 함께 점심을 먹고 집에 오려는데 "참깨 없지?"라고 하시며 까만 봉지 안에 담긴 참깨와 고춧가루를 내주신다. 참 신기하게도 부모님은 자식의 냉장고에 뭐가 있는지 없는지 다 보고 계시는 거 같다. 일주일 전 참깨가 똑 떨어져 아쉬워하고 있었는데 어떻게 알고 먼저 챙겨주시는지 참깨를 볶으면서 생각이 많아진다.

예전에는 그렇게 흔하던 참깨가 지금은 너무 귀해졌다. 10년 전만 해도 시아버님이 농사를 많이 지으셨다. 그래서 늘 풍족하게 먹거리를 주셨다. 14년 전 어머님이 돌아가시기 전까지는 깨를 볶아서 항상 챙겨주셨다. 우리 집에는 늘 참깨와 들기름, 참기름이 풍족했다. 때때로 친구들이 놀러 와 깨나 참기름이 없다고 하면 생색을 내면서 주기도 했다. 귀한 줄 모르고 먹다가 어머님이 돌아가신 뒤부터는 아버님이 생깨를 주시면 집에 와서 볶아서 먹는다.

풍족하고 흔할 때는 귀한지 모르다가 그런 풍족함이 사라지고 나서야 비로소 귀중함을 알게 된다. 인간은 아주 작고 사소한 것도 지나고 나서야 알게 되는 어리석음이 있다. 언젠가는 어머님이 항상 깨를 볶아주시다 그냥 생깨를 주신 적이 있었다. 그때는 '깨를 볶는다'라는 말은 익히 들어 알고 있었어도 생깨를 볶아 먹는다는 걸 몰랐다. 어머님이 늘 볶아주셨기에 당연하게 볶음용 깨라고만 생각하고 그냥 요리에 생깨를 넣었는데 자꾸만 돌 같은 게 씹혔다. "뭐야, 어머님이 왜 이런 걸 주셨지. 돌 때문에 먹지도 못하겠네" 하고는 생깨를 다 버렸다. 한참 뒤 시댁에 가서 어머님과 대화하다가 "깨에 돌이 많아서 못 먹었어요. 이번에는 깨가 안 좋은가 봐요?"라고 말했다. 아는 척까지 하니 어머님이 기가 막힌 듯 "그래 그 깨는 어떻게 했니?"라고 물어보시길래 "다 버렸어요. 돌이 너무 씹혀서 못 먹겠더라고요"라고 대답했다. 어머님은 며느리 얘기를 듣고 화가 나실 만도 한데 깨는 씻어서 볶아야 한다며 방법을 알려주셨다. 이후로 한동안 어머님은 생깨를 주지 않고 다시 볶아서 주셨다. "이건 볶은 거니 그냥 먹어도 된다" 하시면서. 어머님 생각에는 10년이 넘게 종갓집 며느리로 살아왔으니 깨 볶는 것도 모를까 싶어 당연히 알아서 해 먹거니 하고 주셨을 텐데 얼마나 기막힐 노릇이었을까?

어머님은 무척 헌신적인 분이셨다. 허리를 잘 펴지도 못하시면

오십의 태도

서 자식 위해 철철이 김치에 마늘까지 빻아서 주시고 깨도 볶아서 주셨다. 참기름, 들기름도 한 번도 떨어진 적 없을 정도로 풍족하게 주셨다. 그때는 김치를 가져가라는 말이 왜 그렇게 귀찮게 느껴졌는지 모를 일이다. 어머님은 음식 솜씨도 좋고 그중 김치 맛은 으뜸이었다. 계절마다 김치 담그느라 들인 노고를 생각하면 너무나 감사할 일이다. 그런데 그때는 어머님이 김치 핑계를 대며 자식들을 부른다고 생각하는 철없는 며느리였으니 왜 그렇게 모르는 게 많았는지, 아니면 몰랐다고 핑계를 대고 싶은 건지 모르겠다.

깨를 볶으며 생각한다. '깨를 볶는다'에는 '서로 정답고 재미있는 시간을 보낸다'라는 뜻이 있다. 다른 걸 볶아도 되는데 왜 하필 깨였을까? 깨의 고소한 향과 맛에 중점을 둔 표현으로, 오붓하거나 아기자기하며 재미있어 보이는 상태를 지칭한다. 신혼 때 애정도가 높으면 깨를 볶는다, 깨가 쏟아진다는 은유를 하곤 한다. 그런데 깨를 볶아보면 안다. 깨 볶는 게 얼마나 번거롭고 손이 많이 가는지. 그런 어려운 걸 잘할 때 듣는 표현이니 깨 볶는다는 은유 표현이 또 얼마나 적절한 은유인가 하는 생각을 해본다.

아버님이 주신 참깨를 깨끗이 씻고 흙과 돌을 채로 걸러내 몇 번을 씻는다. 10년째 아버님이 주신 생깨를 씻고 볶으면서 오늘 주신 깨에 흙과 돌이 가장 많다는 것이 보이니 마음이 안 좋다. 예전 같았으면 아무렇지 않았을 상황에 문득 신경이 쓰인다. 농사는 농부의 정성과 땀으로 거둬들인 결과물이다. 작게나마 텃밭을 가꾸면서 어떤 마음으로 먹거리를 키우는지 알기에 그 마음이 보인다. 평소 서너 번 씻으면 깨끗해질 생깨지만 오늘은 여덟 번을 씻었다. 아버님이 농사를 지으시는 게 예전 같지 않고 그날 컨디션이 안 좋아 수확하는 데 어려움이 있었다는 것이다. 한 톨 한 톨 소중하게 씻고 체에 걸러 물기를 빼고 천천히 볶으면서 예전에는 미처 몰랐던 아버님의 수고와 노고를 깨닫는다. 이 번거롭고 손 많이 가는 깨를 한 번도 싫은 소리 없이 볶아서 주신 어머님의 정성과 자식 향한 마음도 느껴진다.

5월은 어버이날이 있어 미리 시댁으로, 친정으로 가 부모님도 뵙고 용돈도 드리고 함께 식사도 하고 왔다. 요즘같이 어려운 시기에 가정의 달은 부담스럽고 거추장스러울 수도 있다. 요즘은 "안 받고 안 주면 안 될까?"라는 말을 하는 사람들이 많다. 때로는 그것도 편하겠다 싶을 때도 있다. 양쪽 부모님 찾아뵙고 용돈 드리고 음식 준비해서 갈 때면 높은 물가로 주머니가 버거울 때도 있다. 그러나 자식을 위해 묻지도 따지지도 않고 뒷바라지해 준 부모님의 마음을 생각하면 당연히 해야 할 자식의 도리가 아닐까 싶다. 내가 들인 돈과 시간보다 부모님이 자식을 위해 썼을 돈과 시간을 생각해 보면 과연 비교나 할 수 있을까.

삶은 분명 연륜이 필요하다. 그때는 모르고 지금은 알게 되는 것들이 조금씩 생기고 있다. 하나 아쉬운 것은 그런 것을 알아갈 때쯤 부모님은 늙고 병들어 우리 곁에 오래 머물지 못한다는 것이다. 살아 계실 때 한 번이라도 더 자주 웃고 찾아뵙고 대화하자. 이곳에 안 계

오십의 태도

실 때 조금이라도 후회가 덜 남도록.

최근 보도된 뉴스에 따르면, 지금의 50대는 부모를 부양하는 마지막 세대이자 자녀에게 부양받지 못하는 처음 세대라 '마처(마지막+처음) 세대'라고 부른다고 한다. 50대는 은퇴와 늘어난 수명으로 인한 소득 절벽과 자녀들에게 기댈 수 없는 현실로 자의 반 타의 반으로 은퇴 후에도 경제 활동을 할 수밖에 없다.

어떤 기사에서 지금의 50대를 대변하는 글을 보았다. 50대 15년 차 직장인인 기사의 주인공은 고령의 어머니와 대학교를 다니는 두 자녀의 학비 때문에 일을 그만둘 수도 없다고 한다. 나이가 들면서 거동이 불편해진 어머니 병원 간병비에 두 자녀의 학비 때문에 남편과 열심히 맞벌이를 하지만 정작 자신의 노후 대비를 하기에는 턱없이 빠듯한 형편이라는 것이다. 이제 몇 년 있으면 남편도 정년을 앞두고 있고 자신도 여기저기 아파서 일을 쉬어야 할 것 같아 걱정스럽다는 기사 내용이었다.

실제로 우리나라 청년 중 절반 이상이 이른바 '캥거루족(부모에게 의존해 생활하는 자녀들)'으로 나타났다. 지난 2022년 3월 국무조정실에서 만19~34세 청년이 속한 전국 약 1만 5천 가구를 대상으로 조사한 결과, 부모와 함께 사는 청년의 비율이 57.5퍼센트에 달했다. 이들 중 "아직 독립할 구체적인 계획이 없다"라고 답한 비율도 67.7퍼센트나 됐다고 하니 이것이 지금의 현실이다. 부모는 부모대로 자식은 자식대로 50·60세대의 고충은 커지고 있다. 이미 은퇴했거나 은퇴를 앞두고 있지만, 자녀의 만혼, 비혼, 늦깎이 취업 등으로 양육의 부담을 연장해서 지고 있다. 또 평균수명이 길어지면서 부모를 부양해야 하는 기간이 늘었다. 딱 지금 우리의 현실이 은퇴를 준비하는 동시에 부모 부양과 자녀 양육의 부담을 짊어져야 하는 스트레스에 노출되고 있다.

이는 누구의 얘기도 아닌 우리들의 이야기다. 그럼에도 불구하고 오십이 겪는 어려움은 또 어떻게든 극복해 나가야 한다. 트러스톤 자산 운용 연금 포럼 강창희 대표는 노후 설계의 발목을 잡는 세 가지 착각을 버리라고 한다. 첫째, 장수는 관리하면 축복이고 관리하지 못하면 재앙이다. 자신에게 80세 이후 삶은 없다고 생각하는 착각을 버리라고 한다. 둘째, 누구나 100세까지 산다고 생각하고 준비해야 한다. 죽음이 어느 날 갑자기 조용히 온다고 착각하면 안 된다. 셋째, 부모 세대보다 가난해질 자녀 세대에게 결핍과 자립을 가르쳐야 한다. 자녀가 부모의 노후를 보장할 것이라는 착각은 버리라고 한다. 그러면서 평생 현역으로 오래할 수 있는 일을 찾아내라고 한다.

젊었을 때 많은 것을 축적한 사람은 노년을 행복하게 즐길 수 있다. 너무나 당연한 말이지만 이 당연한 말을 당연하게 생각하는 게 문제다. 젊은 시절에는 생기와 열정을 축적하는 데 쓰지 않고, 현실에 만족하고 즐기는 데만 쓴다. 나이가 들고 시간이 지날수록 풍성해지기보다는 빈곤한 삶을 살 수밖에 없다. 인생은 길고 노년의 삶은 더 길어졌다.

오십의 태도

부모님은 늙고 연로해 보살펴야 할 의무가 있지만 중년으로 접어들며 자신도 50년의 삶을 더 살아야 한다. 준비되지 않은 노년을 맞이하지 않으려면 지금부터라도 많은 것을 축적을 해야 한다. 풍성한 노년을 행복하게 즐기기 위해서는 많은 것을 축적해야 한다는 이 당연한 진리를 빨리 깨달아야 한다.

그럼에도
불구하고
나로 사는 시간

'그럼에도 불구하고'는 내가 참 좋아하는 말이다. 이 단어가 들어가면 왠지 모르게 나를 옹호해 주는 것만 같다. 언제부터인지 모르지만 이 말을 자주 사용한다. 그럼에도 불구하고.

우리는 일상에서 수많은 역할을 수행하며 관계 속에서 살아간다. 그것이 좋든 싫든 자신에게 주어진 역할을 수행하기 위해 많은 시간과 공을 들인다. 또한 그것을 수행하기 위해 일과 사회, 가정에서 많은 스트레스를 받으며 살아간다. 그러다 보면 어느새 자신을 돌보는 데는 소홀할 수밖에 없다. 그 다양한 역할 속에서 때때로 자신의 정체성을 잃고 헤매기도 한다.

우리는 쉽게 말한다. 누구도 아닌 나 자신이 가장 소중하다고, 나를 먼저 챙겨야 한다고. 과연 가능한 일인가? 나 자신이 소중하다는 것을 알지만 자신에게 주어진 역할에 충실하다 보면 자신보다 남편, 자식, 부모를 챙기게 되는 나를 보게 된다.

생각해 보면 50대에 갱년기가 오는 것도 당연하다 싶다. 자신보다 주변을 챙기며 살아왔는데 어느 시기가 되면서 자신은 쓸모 있는 사람보다 쓸모없는 사람이 되어간다. 몸은 여기저기 아프고, 다니던 직장은 이런저런 문제로 그만두게 된다. 새로운 직장을 찾아도 딱히 들어갈 만한 곳도 없고, 애지중지 키웠던 자식들은 어느새 내 도움이 필요하지 않다. 그래서 나이가 들면 남편밖에 없다는 소리가 나온다. 그러나 그마저도 남편과 사이가 좋거나 원만해야 할 수 있는 말이니 어디 오십이 온전하겠는가?

그럼에도 불구하고 나는 오십이 좋다. 오십이 되어서 비로소 나로 사는 시간의 소중함을 느낀다. 그동안은 엄마로, 아내로, 자식으로, 그리고 한 사회의 일원으로 나의 시간을 썼다면 지금은 나를 위한 시간을 조금씩 내고 있다. 혼자 산책을 하거나, 좋아하는 책을 읽고 글을 쓴다. 일상의 소음에서 한 발짝 멀어져 나를 돌아보는 시간을 가진다. 시간에 쫓겨 하지 못하던 운동도 적극적으로 하고 몸과 마음을 이완시킬 수 있는 명상을 즐긴다. 그동안 못했던 여행도 적극적으로 다니고 배우고 싶은 것도 하나씩 찾아보는 중이다.

오십은 바라보는 관점에 많은 변화가 일어나는 시기다. 지금의 나를 인정하고 적극적으로 시간을 활용하면 지금까지 살아온 시간보다 더 재미있고 활기차게 살 수 있다. 하지만 현실을 부정하며 자신에게 일어난 일로 힘들어하고 무기력해지면 또 한없이 자존감이 무너지기도 한다.

블로그 이웃 중 새로운 취미나 배움에 많은 시간을 보내고 열정을 쏟는 이들이 있다. 배우고 싶은 것을 하나씩 취미로 배우기도 하고 인생 전반에 필요한 자격증을 따기도 한다. 그동안 하지 못했던 공부를 다시 시작하기도 하고 나처럼 새로운 꿈을 꾸고 그 꿈에 도전하기도 한다. 다양한 이웃이 있다 보니 좋은 자극과 영향을 받는다.

덕분에 올해 처음으로 인생 버킷리스트를 써보았다. 항상 무엇을 하고 싶다는 생각만 했지 실제로 적어본 건 처음이다. 적고 보니 버킷리스트가 27개나 된다. 이렇게 많은 것을 하고 싶었나 놀라는 중이다. 그중 몇 개는 이미 달성했고 진행 중인 것도 있다. 자신이 좋아하고 하고 싶은 것을 찾아 버킷리스트로 적어보니 더 적극적으로 행동하게 되고 하고 싶은 것이 계속 늘어난다. 이 버킷리스트를 매일 보며 어떤 것은 수정하기도 하고, 어떤 것은 지우고, 더 하고 싶은 것이 있으면 계속 바꾸기도 한다.

나로 사는 시간에는 매일 하는 반복적인 일뿐만 아니라 버킷리스트도 포함된다. 그동안 하고 싶었던 것을 하나씩 적어보고 해보는 것이다. 신기하게도 적으면 이룰 확률이 높아진다. 매일 적어놓은 것을 말하고 상상하고 하고 싶은 마음을 가진다. 그리고 어떻게 하면 할 수 있을까 방법을 찾다 보면 하나씩 해결되는 경험도 맛보게 된다. 그런 경험 중 하나가 글을 쓰고 책을 내는 일이었다.

올해 버킷리스트 중에는 화성 효 마라톤 10K 완주가 있었다. 그런데 일정을 잘못 체크하는 바람에 접수 시기를 놓치고 말았다. 그래서 포기했을까? 아니다. 신기하게도 하려는 마음만 먹으면 어떻게든 다른 기회가 생긴다. 이럴 때 끌어당김의 법칙을 느끼게 된다. 아마도 버킷리스트에 적지 않고 생각만 했다면 금방 잊어버리고 못한 것만 생각하고 있었을 것이다. 2월에 홈쇼핑에서 강원도 호텔 숙박권을 방송했다. 여행을 가기도 좋고 여름휴가 때 쓰기도 괜찮을 것 같아 방송을 보고 신청했다. 사실 신청만 해놓고 잊어버리고 있었다. 그런데 '24년 후반기 마라톤'을 검색하니 '경포 마라톤 대회'가 있었다. 마침 신청해 놓은 숙박권도 있고, 강원도 여행도 다녀오고, 마라톤 대회 참가도 하고 일석이조가 아니라 일석삼조라는 생각에 신청을 했다. 숙박권이 없었다면 일부러 경포 마라톤을 뛰겠다고 생각하지 않았을 텐데 숙박권 덕분에 마라톤을 뛸 계획을 세울 수 있었다. 보통 마라톤은 도심이나 산을 뛰는 마라톤이 많은데 경포 마라톤은 경포 해변을 뛸 수 있으니 어쩌면 새로운 경험을 할 수 있는 행운이기도 하다.

목표를 손으로 쓰는 사람은 쓰지 않은 사람보다 목표를 이룰 가능성이 높다고 한다. 오십이 넘으면 누가 시켜서 하는 것이 아니라 자신이 좋아하는 일을 자발적으로 하는 경우가 더 많기 때문에 그것을 이룰 확률도 더 커진다. 그동안 시간과 경제적 여유가 없어서 자신이 원하는 것을 하지 못했다면 이제는 자신의 시간을 가지기 위해 노력해야 할 때다.

《아티스트 웨이》를 쓴 줄리아 카메론에게 한 중년 여인이 피아노를 배우고 싶지만 나이 때문에 고민이라고 털어놓았다. "제가 피아노를 잘 칠 때쯤이면 몇 살이나 되는지 아세요?" 카메론이 대답했다. "물론 알고 있어요. 하지만 그것을 배우지 않아도 그 나이를 먹는 것은 마찬가지죠." 자신만의 시간을 갖고 싶고 나로 살고 싶다가도 무언가를 시작할 용기가 없고 두려운 마음이 생긴다면 한 번쯤 되새겨 볼 만한 얘기다. 나로 사는 시간이 많아질수록 시간의 중요성을 알게 된다. 직장 생활을 할 때는 근무 시간이 빨리 끝나기만을 기다렸다. 휴일은 보상 심리로 그저 쉬고 싶은 마음이었다. 하루를 바쁘게 살았고 주어진 일만 하며 살았다. 지금은 나를 돌보는 시간이 얼마나 소중한지 알기에 시간의 소중함을 느낀다. 똑같은 24시간을 보내도 더 생산적이고 더 활동적이며 더 열정적이다.

스트레스는 줄어들고, 일에 대한 집중력은 높아졌다. 무엇보다 삶에 대한 긍정적인 태도가 생겼다. 이런 결과는 내가 좋아하는 것을 찾고 온전히 내 시간을 통제하면서 하루를 보낼 수 있기에 가능한 일이다. 시간 관리는 내가 좋아하는 것을 하고 싶은 마음에서 시작한다. 사람에게 주어진 하루의 시간은 모두 같지만 각자 다르게 느끼는 건 결국 어떤 일을 좋아하고 원해서 하는 것인지 아닌지가 중요하기 때문이다.

사람들은 시간을 줄여서 무엇을 하겠다고 결심하면 제일 먼저 잠을 줄이려고 한다. 나도 예전 같으면 무엇을 시작할 때 항상 잠을 먼저 줄였다. 그러나 지금은 수면 시간만큼은 철저히 지키려고 한다. 내 시간을 루틴대로, 원하는 대로 살아가기 위해서는 기본이 되는 시간을 규칙적으로 지켜야 한다. 기상 시간과 취침 시간, 그리고 잠자는 시간만큼은 사수해야 한다는 걸 알기 때문이다. 잠을 줄이지 않고도 얼마든지 자신의 일상을 조절할 수 있다.

나의 블로그 이름은 '말상믿'이다. 처음 블로그를 시작하면서 고민했던 이름이지만 이 이름을 지을 때만 해도 지금처럼 어떤 결과를 내리라고는 상상하지 못했다. 그러나 2년 가까이 흐른 지금 나는 나의 이름대로 살고 있다.

'말하는 대로 상상하는 대로 믿는 그대로.'

PDS다이어리를 2년째 써오면서 얼마 전 오로다데이에 참석했다. 오로다데이는 1년에 두 번 있는 PDS다이어리를 쓰는 사람들의 행사로, 다이어리를 쓰면서 그 과정을 통해 성장하고 변화를 이끄는 평범한 사람들이 소통하는 자리다. 나는 세 번째 참석이었다. 두 번은 청취자로 그리고 한 번은 발표자로 섰다. 나는 두 번의 청취자로 참석하면서 상상하고 꿈꿨다. '나도 저 자리에 발표자로 서고 싶다. 사람들에게 나의 성장 스토리를 들려주고 지금 내가 받은 동기부여와 용기를 주고 싶다.' 처음에는 꿈을 키웠고 두 번째는 용기 부족으로 망설였다. 그리고 세 번째, 발표자로 서서 오십의 성장과 긍정적인 변화에 대해서 발표할 수 있었다.

발표 주제는 '작가 데뷔를 앞두며 인생 2막을 열었다'였다. 올해

두 번의 믿기 어려운 현실을 마주하고 있다. 올해 초 다이어리에 버킷 리스트를 적었을 뿐이라고 하면 너무 쉬운가? 그러나 시작은 버킷리스트를 쓴 것이다. 그리고 말하고 상상하고 나를 믿고 실행했을 뿐이다.

이런 글을 자기계발서에서 읽을 때마다 두 가지 반응을 보게 된다. 어떤 사람은 "말이 쉽지. 그게 쉽나?"라는 반응과 "그래, 나도 한번 해볼까?"라는 반응이다. 두 가지의 반응 중 지금 어떤 선택을 하고 있는가? 지금 어떤 것이 자신에게 우선이고, 어떤 것을 원하는가? 어떻게 살아갈 것인지를 선택하는 건 오로지 자신의 몫이다. 그럼에도 불구하고 나는 지금의 나로 사는 이 시간을 선택했고 오늘 할 수 있는 일에 집중하며 산다.

처음부터
좋은 것은
흔치 않다

본격적인 여름이 오면 먼저 이불을 바꾼다. 봄까지 쓰던 순면이불에서 인견이불로 바꾸는 작업을 한다. 그동안 쓰던 이불을 오래 써서 새 기분으로 큰맘 먹고 구입한 인견이불이다. 그런데 왜 그런지 인견이불이 몸에 맞지 않고 불편하다. 가슬가슬한 느낌도 별로고 온몸을 감싸는 느낌도 가볍지가 않다. 비싼 돈을 주고 샀지만 시장에서 싸게 구입한 인견이불보다 못하다.

그렇게 하루 이틀 써보고 이내 다시 썼던 이불로 바꿔 여름을 났다. 새로 산 이불은 다시 세탁해서 이불장으로 들어갔다. 그렇게 두 번의 여름이 가고 또다시 여름이 왔다. 사람은 망각의 동물이라고 하지 않는가? 불편했던 감촉은 잊은 지 오래다. 비싸게 산 이불이 아까워 자꾸 눈에 걸린다. '아까운데 한 번 더 바꿔볼까?' 하고 다시 꺼낸다. 이불을 바꾸고 잠자리에 들었다. 느낌이 조금 달라졌다. 작년에 느끼던 그 불편한 이불이 아니다. 고슬고슬한 감촉이 왠지 모르게 편하다. 이유를 생각해 보니 그것은 세월이다. 두 번의 여름 동안 세탁을 하고 건조기를 돌려 처음 뻣뻣한 느낌이 아닌 조금은 부드러운 까슬거림으로 바뀐 것이다. 더군다나 두 번의 경험을 통해 조금은 익숙해진 것도 하나의 이유다. 이불 하나도 내 몸에 맞추는 데 3년이 걸리는구나 싶다. 이 사소한 것도 세 번의 바뀜이 있고서야 비로소 내 것이 되는데 사람은 어떻겠나.

30년 가까이 함께 살아온 남편이 지금은 너무 좋다. 갈수록 더 좋아진다. 그런데 처음부터 좋았던 것은 아니다. 술 먹고 들어와 씻지도 않고 잠든 남편이 너무 싫어 매일 바가지를 긁었고, 코 고는 소리가 유독 컸던 남편 때문에 잠을 못 자 스트레스가 극에 달할 때도 있었다. 그런 시절을 겪어낸 세월이 30년 가까이다. 남편은 많이 변하고 바뀌었지만 지금도 가끔은 술 먹고 안 씻고 자기도 한다. 코 고는 소리도 많이 약해지긴 했지만 여전히 코를 곤다. 참 신기하게도 세월 때문인지, 익숙해진 것인지 지금은 아무렇지 않다. 씻지 않고 잘 때는 '피곤해서 그런가 보다' 하고 코를 유난히 고는 날이면 살짝 몸을 돌려주고 나면 또 그런대로 괜찮다. 이불 하나도 내 몸에 익숙해지는 데 3년이 걸리는데 하물며 사람의 연이 나와 익숙해지는 데 30년이 걸리는 건 당연한 일인지도 모른다. 이제는 코를 골아도 가끔은 안 씻고 잠을 자도 옆에 없으면 허전하다. 참, 사람의 정이 이리도 무섭다.

오십의 태도

물건도, 남편도, 인생도 처음부터 마냥 좋은 것은 흔치 않다. 그냥 잘 사는 것이다. 살다 보니 그것이 내 것이 되고, 나한테 맞춰지고, 내 인생이 되는 것이지 특별히 더 노력한다고 더 빨리 나에게 맞춰지는 게 아니다. 그저 시간이 흐르고 적당한 세월이 지나니 소중한 내 것이 되는 것이다. 그러니 지금 누리고 있는 것에 감사하고 살자. 누리고 있을 때 소중함을 알아야 새로운 것도 소중함을 느끼며 내 것이 된다. "간장도 익혀야 제맛이 난다"는 옛말이 있다. 내 몸에 익숙하고 편한 것은 뭐든 나에게 맞춰질 시간이 필요하다. 처음부터 좋은 것은 흔치 않다. 적어도 내 경험은 그랬다. 어찌 보면 모든 인간관계도 그렇다. 처음 만난 사람과 깊고 진실한 관계를 맺는 일은 어렵다. 시간이 지나면서 서로를 이해하고 신뢰를 쌓아가며 깊은 관계로 발전하는 것이다.

우리는 종종 무언가에 대해 즉각적인 만족과 성취를 원한다. 그러나 그런 만족과 성취는 오랜 시간과 노력의 결실이 있어야만 얻을 수 있다. 농부는 씨앗을 심고 가꿀 때 곧바로 풍성한 수확을 기대하지 않는다. 씨앗이 싹을 틔우고, 꽃을 피우고, 열매를 맺기까지는 많은 시간이 필요하다. 그 과정에서 끊임없는 돌봄과 기다림이 필요하다는 것을 농부는 안다. 농부가 씨를 뿌리고 믿고 정성을 들여 수확을 보듯 어떤 것이든 처음부터 좋은 결과를 얻는 것은 드물다.

"젊어서 고생은 사서도 한다"라는 말이 있다. 그러나 젊어서 고생을 많이 한 사람들은 이런 얘기를 들으면 고개를 흔든다. 사람들은 말년 복, 말년 운이 좋기를 기대하며 살아간다. 하지만 말년 운은 누가 만들어주는 것이 아니다. 자신이 어떻게 살아왔는지에 대한 결과가 중년 이후의 복을 만든다. "태어날 때 가난하게 태어난 것은 당신의 잘못이 아니지만, 죽을 때 가난하게 죽는 것은 당신의 잘못이다"라는 빌 게이츠의 명언이 생각난다. 나는 지금 부자도 아니고 그렇다고 가난 하지도 않다. 그러나 빌 게이츠의 명언에는 이견이 없다.

사람에게는 인생의 흐름에 따라 초년 운, 중년 운, 말년 운이 있 다고 한다. 명리에 대해 잘은 모르지만, 초년 운이 좋다고 해서 말년 운이 다 좋은 것은 아니라고 한다. 타고난 운도 분명 있지만, 운이라 는 것은 무조건 타고난 것만 영향을 미치는 것도 아니라고 한다. 가 끔 말년 운이 좋은 사람이 있다는 말을 듣곤 한다. 그렇다면 말년 운 이 좋은 사람은 어떤 사람일까? 말년 운이 좋은 사람들의 특징은 주 로 생활 습관, 태도, 인간관계 등에 기인하는 경우가 많다고 한다. 말 년 운이 좋아지려면 진정으로 자기 자신을 알아가며 자기만의 방식 대로 삶을 이끌어 가려고 노력해야 한다는 것이다. 자신의 장점과 단 점을 정확히 알고 장점은 키워나가고 단점은 노력해서 개선해 나가 려고 행동한다. 그리고 자신은 운이 좋다고 말하며, 긍정적인 사고방 식을 가진 사람들이 말년 운이 좋다고 한다.

"운이 운을 부르고, 돈이 돈을 부른다"라는 말이 있다. 초년 운은 모르겠지만 중년 이후의 운은 확실히 영향이 있지 않을까. 그동안의 습관과 태도, 사고방식 등이 중년 이후에는 인생에 확실한 영향을 미

오십의 태도

칠 것이다. 좋은 운도 나쁜 운도 긍정적인 생각과 자기 암시, 좋은 것을 끌어당기는 법칙이 일정 부분 작용하지 않을까. 젊어서 고생한 사람 중에는 중년 이후 자수성가해서 대성한 사람이 많다. 그런 의미에서 보면 말년 운이 좋은 사람은 힘들어도 포기하지 않는 사람들이다. 자신을 믿고 최선을 다하며 살다 보니 스스로 좋은 운을 만든, 강한 의지를 가진 사람일 것이다.

내게 주어진 사주팔자나 명리학 관점은 잘 모른다. 나는 부자도 아니고 그렇다고 가난하지도 않다. 하지만 중년 이후의 내 삶은 좋은 운으로 편안하게 살아가지 않을까 생각해 본다. 지금의 생활방식과 태도, 긍정적인 사고방식이 주는 믿음이다. 타고난 운은 어찌하지 못한다 해도 내가 이끌고 헤쳐나가야 할 운은 스스로 끌어당길 마음의 준비가 되어 있다. 초년에는 빛을 발하지 못했다면 중년 이후의 삶은 빛을 발하는 사람으로 살고 싶다. 어떤 운이 왔을 때 진정으로 그 운을 잡을 수 있도록 항상 준비하는 삶을 살아가는 오십이고 싶다.

단순한 삶이
주는
행복

"어제가 오늘 같고 오늘이 내일 같은 하루를 산다"라는 문장을 보면서 피식 웃었다. 젊을 때 이런 문장을 마주했다면 '그런 하루가 뭐가 좋아! 너무 따분하고 지루하잖아'라는 말을 했을지도 모른다. 요즘 나의 하루가 그렇다. 특별히 달라진 것도 없고 큰 변화가 있을 것 같지도 않다. 예전 같으면 이런 하루하루가 지루하고 따분하고 우울해 몸을 비틀었을 만도 한데 지금은 편안하기만 하다.

　　직장 생활을 할 때나 지금이나 큰 의미에서 보면 생산적인 일을 하고 있다. 그러나 스스로 느끼는 행복감은 너무나 다르다. 직장을 다닐 때는 식사하고 출근하고 일하고 퇴근해서 집안일하고 저녁 먹고 잠드는 게 일과였다. 지금은 식사하고 운동하고 명상하고 책 읽고 글 쓰고 집안일하고 저녁 먹고 잠드는 게 일과다. 어찌 보면 단순한 일과는 비슷하다. 느끼는 감정이 다를 뿐이다.

하루를 살아가면서 많은 일을 하고 있다고 생각하지만, 막상 기록해 보면 그다지 많은 일을 하지 않는다는 것에 놀란다. 믿기지 않겠지만 자신이 하루를 어떻게 보냈는지 시간별로 적어보면 바로 알 수 있다. 큰 틀에서 생각해 보면 다섯 개를 넘지 않는다. 그저 반복되는 일상에서 시간에 대한 개념 없이 하루를 보내고 나면, 오늘도 참 바쁜 하루였다고 느낄 뿐 크게 달라진 것도 변화된 것도 없는 일상이다.

오십이 되기 전 직장 생활을 하면서 내가 왜 그렇게 바쁘고 힘들었는지 이제 조금 알 것 같다. 나는 욕심이 많은 사람이다. 무엇이든 잘하고 싶고, 다른 사람에게 인정받고 싶고, 가정 역시 소홀히 하고 싶지 않았다. 직장 생활도 집안일도 아이들에게도 억척스럽게 잘하고 싶었던 게 문제다. 그러다 보니 늘 일도 힘들고 체력적으로도 힘들어 짜증스럽고 화가 났다. 남들은 그런 나를 보며 항상 집도 깨끗하고, 정리 정돈도 잘하고, 화초도 잘 키우고, 음식도 잘한다고 했다. 애들도 잘 키우고 부모님한테도 잘한다고 했다. 직장에서도 성깔은 있지만 일은 잘한다고 했다. 지금 생각해 보면 그것은 욕심이었다.

얼마 전 유튜브에서 법륜스님의 즉문즉설을 들었다. 질문자가 이런 질문을 했다. "스님 저는 직장 일도 잘하고 싶고, 집안일도 잘하고 싶고, 아이들도 잘 키우고 싶고, 남편한테도 잘하고 싶은데 그게 잘 안 되고 어려워요." 스님 말씀은 의외로 간단했다. "욕심이 많네. 그걸 어떻게 다 잘해요. 그건 욕심이여"라는 말씀을 들으며 나를 되돌아

오십의 태도

보게 되었다. 그건 욕심이었다. 나 자신은 완벽하게 잘하고 싶었지만, 가족이나 직장에 그리 좋은 영향을 주었던 것도 아니다. 그 많은 것을 잘하려고 욕심을 부렸으니 얼마나 힘들고 짜증스러웠겠는가? 그러니 내 마음대로 되지 않을 때면 화도 나고 짜증도 내는 건 어쩌면 당연한 일이었는지도 모른다. 겉으로 보기에는 좋을지 모르지만 나는 결코 좋은 엄마, 좋은 아내, 좋은 직원은 아니었을 것이다.

벤저민 하디의 《퓨처셀프》에서 한 번에 모든 것을 다 하려고 하면 결국 이루는 것은 거의 없고 좌절하게 된다는 내용을 읽었다. 인생은 정원과 비슷하다. 정원을 잘 관리하지 않으면 여기저기서 잡초가 무성하게 자란다. 너무 많은 목표와 우선순위가 있는 인생도 마찬가지다. 현실에 맞는 목표를 정하고 '지금 당장' 할 수 있는 가장 중요한 일을 목표로 정해서 실행할 것. 어쩌면 너무 많은 것을 잘하려고 하는 것이 문제였다는 생각이 든다.

2년 전 지금 사는 집으로 이사 오면서 그동안 키우던 화초를 모두 중고 마켓에 팔았다. 팔지 못한 것은 나눔도 하고 버리기도 하며 모두 정리했다. 거실에 둘 식물 세 개만 남기고 그 많던 화초를 모두 처분했다. 그동안 소중하게 키우던 식물을 정리하니 시원하기보다는 섭섭했다. 10년 넘게 애지중지 키우던 화초였으니 이사가 아니었으면 아마 정리하지 않았을지도 모른다. 어쨌든 이사로 많은 것이 바뀌었다. 나의 욕심 중 하나를 정리한 것이다.

단순하게 살기 위해서는 정리 정돈이 필요하다. 정리 정돈된 집은 청소하기도 쉽고 필요한 물건이 제자리에 있기 때문에 마음도 편안하고 쾌적하다. 사실 우리 집은 손 갈 데가 별로 없다. 평소에도 정리 정돈을 하는 데다가 딸들이 분가하고 나니 손댈 일이 더 없다. 이사하면서 필요 없는 물건을 정리한 것도 한몫한다. 그래서 요즘은 청소를 매일 하지 않아도 표가 나지 않는다. 매일 치우고 닦고 정리할 때보다 마음도 몸도 더 여유로워졌다.

지금은 모든 것을 잘하려는 욕심을 내려놓았다. 그리고 진짜 잘하고 싶은 것에 욕심을 내고 있다. 새로운 꿈을 찾고 그 꿈을 위해 많은 시간을 보낸다. 책을 읽고 글을 쓰고 나의 체력을 뒷받침해 주는 운동을 게을리하지 않는다. 어떻게 보면 아주 단순한 삶에서 행복을 느끼고 있다.

미국의 컨설턴트이자 작가인 짐 콜린스는 비슷비슷한 목표를 한꺼번에 많이 추구하는 게 모두가 직면한 문제라며 "세 개를 초과하는 목표를 추구하면 아무것도 얻지 못한다"라고 조언했다. 나도 선택과 집중을 하고 있다. 한 번에 모든 것을 다 잘하려고 하면 결국 이루는 것은 없고 좌절만 하게 된다는 말을 가슴에 새기고 있다. 미래의 나를 위해 어디에 시간을 보내고 어떤 선택을 할지는 오직 자신만이 결정할 수 있다.

뭐든 잘하려고 하는 것은 욕심이고 그것을 정말 잘하는 것은 능력이다. 뭐든 잘하고 싶은 욕심이 남 보기에는 좋아 보일지 몰라도 자신을 힘들게 하고 가족과 주변 사람에게도 결코 좋은 영향을 줄 수 없다면 빨리 내려놓는 게 현명하다.

아이를 키울 때는 아이를 키우는 데 전념하고, 직장에 다니는 사람은 직장에 전념하고, 사업을 하는 사람은 사업에 집중하는 일상. 그리고 지금의 나는 지금껏 돌보지 못했던 나를 돌아보고 알아가는 데 전념하는 일상이 가장 단순한 삶이 아닐까. 그리고 그 속에서 소소한 삶의 행복을 느끼며 사는 것이야말로 진정한 행복이라 느낀다.

'오늘 할 수 있는 일에 집중!'은 이런 의미에서 나의 하루 문장이 되었다. 단순한 삶이란 진짜 단순해서 단순한 것이 아니라 선택과 집중을 하며 자신의 꿈과 행복을 위해 전념한다는 의미가 있다. '어제가 오늘 같고 오늘이 내일 같은 하루'를 살아도 자신의 꿈을 향해 집중하는 단순함은 매일을 행복하게 만든다.

있는 그대로의
나를
받아들이기

마음이 힘들고 복잡할 때는 법륜스님의 즉문즉설을 듣는다. 평범한 사람들의 고민을 듣고 해답을 주시는 법륜스님의 말씀을 듣고 있다 보면 지금 내가 생각하고 고민하는 것이 아무것도 아니라는 결론에 이른다. 법륜스님 말씀 중에 들을 때마다 지혜를 얻지만, 특히 와닿는 말씀이 있다. 바로 '인정하기'다. 모든 것은 인정하면 편해진다는 것. 남의 생각을 부정하며 나와 다르다고 내 생각에 맞추려 하지 않고, 그 저 그 사람은 그렇게 생각할 수 있다고 인정하면 그뿐이라는 것이다. 같아야 하는 게 아니라 서로 다를 뿐이라고 인정하면 된다는 것이다. 나와 같아야 한다는 생각이 괴로움을 만든다는 것이다

'인정'은 사람이 본래 가지고 있는 감정이나 심정을 말하며 '인 정하다'는 확실히 그렇다고 여긴다는 뜻이다. 우리는 상대방과 대화

할 때 "그래, 인정할게"라는 말을 쓰곤 한다. 대개 이 표현을 쓸 때는 진짜 상대방을 인정해서 쓰는 것보다는 어떤 상황에 타협점을 보기 위해 인정한다는 표현으로 마무리할 때가 많다. 스스로든 남이든 인정하기가 얼마나 어려운 일인지 생각해 볼 일이다. 법륜스님의 즉문즉설에 끊임없이 질문 주제로 올라온다는 것은 그만큼 그게 잘 안 된다는 방증일 것이다.

'인정해야 편하다'라는 말에는 남을 위한 인정이 아닌 자신의 인정이 선행되어야 한다. <u>스스로 인정하지 못해 자존감이 바닥을 치고 있는데 어떻게 상대방을 인정할 수 있겠는가?</u> 다름을 인정한다는 것은 남을 인정하기 이전에 스스로 남과 다를 수 있음을 인정하는 것이 선행되어야 진정으로 남을 인정하는 마음을 가질 수 있는 게 아닐까.

인간은 살아가면서 늘 남과 비교하며 자신을 깎아내리고 다른 사람에 의해 기분이 좌우지되기도 한다. 방금까지 괜찮았던 기분이 친구와의 비교로 기분이 나빠지기도 하고 말로 표현은 하지 않았지만 이미 스스로 어떤 기준의 잣대를 가지고 자신이 낮다는 생각에 우울해지기도 한다.

우리나라 사람은 다른 사람과 비교하는 성향이 특히 강하다고 한다. 심하게 말하면 다른 사람이 잘되는 꼴을 못 본다는 것이다. 다른 사람의 행운을 불안해하고 질투하고 시기하는 경향이 강하다. 그러면서 다른 사람이 잘되면 배 아파한다는 것이다. 오죽하면 "사촌이 땅을 사면 배가 아프다"라는 속담이 있을까? 사촌이 땅을 사면 밥이라도 한 끼 얻어먹을 수 있고, 그도 아니면 사촌이 돈을 빌려달라거나 힘들다는 얘기만 안 들어도 얼마나 좋은 일인데 배가 아프다니, 아이러니하지만 이게 인간의 본능임을 인정하고 알아가는 지혜가 필요할 뿐이다.

사실 나도 다른 사람들과 비교하면서 자존심에 상처받고 힘들 때가 있었다. 비슷한 시기에 결혼했는데 나보다 더 빨리 집을 사고 더 넓은 집으로 이사하고, 나는 살기 바빠 앞만 보고 달리는데 친구는 여유를 부리는 모습을 볼 때마다 기분이 우울했다. 남들은 큰 어려움 없이 잘 사는데 나는 왜 이렇게 힘들까. 마음이 편치 않을 때가 많았다. 법륜스님의 말씀에 의하면, 모든 인간의 마음이 그러하다는 것이다. 그저 그런 마음이 드는구나 하고 인정하면 되는데 그것을 인정하지 않고 시기하고 질투하는 게 문제라는 것이다. 다 맞는 말인데 실행하기가 쉽지 않은 것도 인정하기가 어려운 하나의 예일 것이다.

있는 그대로 나를 받아들인다는 것은 자존감 없이는 어려운 일이다. 자존감이 높다는 것은 자신에 대한 신뢰가 강하다는 뜻과 함께 자신을 있는 그대로 보는 성향 또한 높다는 것이다. 자존감이 높은 사람은 자신이든 다른 사람이든 있는 그대로 볼 줄 안다. 그러나 자존감이 없는 사람은 똑같은 상황과 똑같은 말을 민감하게 받아들이고 한 번씩 꼬아서 보는 경향이 있다.

10년 전 직장에 다닐 때, 외모에 대한 지적을 들었다. 물론 나쁜 의도로 얘기하는 건 아니라고 생각했지만, 그때는 그 사람의 말 한마디 한마디가 신경 쓰이고 듣기 싫었다. 굳이 듣기 싫다고 표현하면 분위기가 이상해질까 봐 그냥 웃어넘기긴 했지만 늘 집에 오면 그 말이 신경 쓰이고 기분이 나빴다. 그래서 성형을 해볼까 하는 생각도 했다.

지금 생각해 보면 그리 기분 나쁜 말도 아니었다. 그 사람은 나를 볼 때마다 "자기는 필리핀 사람 닮았다. 동남아 쪽 얼굴이야"라고 했다. 그때만 해도 나는 살이 없고 왜소한 데다 피부도 까무잡잡했던 터라 동남아 사람 이미지를 연상할 수도 있었겠다 싶다. 그런데 얼굴을 볼 때마다 그 얘기를 하는 사람을 보면서 앞에서는 괜찮은 척하고 뒤에서는 짜증이 났다. 내가 짜증이 난 이유는 뭐였을까? 동남아 쪽 얼굴 닮았다는 소리가 그리 기분 나쁜 말도 아니었는데 이 말을 인정하기까지 꽤 오랜 시간이 걸렸다. 내가 이 말에 기분 나빠한다는 것은 그 말을 인정하는 것이라는 생각에 겉으로는 태연한 척했다. 지금은 그런 말을 하는 사람도 없지만, 어느 정도 인정하고 난 뒤에 그런 소리를 들으면 "아, 그래요? 우리 조상님 중에 동남아 분이 계시나?" 하고 웃어넘겼다.

인정한다는 것은 나를 받아들이는 것이다. 그것이 좋은 것이든 나쁜 것이든 있는 그대로를 받아들이는 게 첫 번째다. 인정하는 삶은 행복하다. 행복은 결코 객관적인 것이 아니라 지극히 주관적이다. 스스로 자신을 인정하고 있는 그대로를 받아들이며 자신을 바라보는 시간을 가져야 한다. 남과 자신을 비교하면서 상처받고 자존심이 상하면 그 순간, 행복은 멀어진다.

오십의 태도

1년 전부터 명상을 시작하면서 나를 알고 생각할 수 있는 시간을 가졌다. 물론 처음에는 수없이 떠오르는 생각으로 집중이 안 되었다. 한번은 명상 중 눈을 감고 있는데 너무 무섭기도 했다. 영영 눈을 뜨지 못할 것 같은 중압감이 오는 날도 있었다. 지금은 20분 유도 명상을 한다. 명상은 마음을 가라앉히고 집중력을 높이며 스트레스를 줄이는 데 도움이 되는 좋은 방법이다. 처음이 어렵지 시작하고 나면 가장 쉽게 할 수 있는 것도 명상이다.

명상을 위한 방법과 요령

첫째, 먼저 편안한 장소를 정한다.

방해받지 않을 조용한 곳에서 명상을 시작한다. 나는 보통 집에서 하지만 공원 산책을 하다가 명상을 하기도 하고, 발표나 중요한 일을 앞두고 잠깐 시간을 내기도 한다. 처음에는 무릎과 허리에 무리가 와 책상에 앉아서 시작했다. 오전 운동을 마치고 바로 명상을 연결해서 실행할 계획을 세우다 보니 더 쉽게 할 수 있었다. 자신이 잘하고 있는 것과 자신이 하고 싶은 것을 연결해 계획을 세우면 실행 확률이 높아진다는 글을 본 적이 있다. 하루 중 같은 시간에 명상을 하면 습관 형성에도 도움이 된다. 아침이나 저녁 시간에 실행해 보자. 개인적으로는 아침이 훨씬 좋았다.

둘째, 편안한 자세를 취한다.

처음 정좌로 앉으니 다리도 저리고 발끝이 저려 오래할 수가 없었다. 그래서 책상에 앉아 척추를 곧게 펴고 손을 무릎 위에 자연스럽게 둔 상태로 긴장을 푸니 7분을 집중하는 데 크게 힘들지 않았다.

셋째, 호흡에 집중한다.

처음 명상하는 사람은 호흡에 집중하는 것이 쉽지 않다. 평소 신경 쓰지 않으면 호흡에 집중하기가 어렵지만 방법을 알고 있으면 그리 어렵지 않게 할 수 있다. 호흡 방법에 대해 잘 모르면 '단전호흡'이나 '복식호흡' 영상을 참고하면 도움이 된다.

넷째, 짧게 시작한다.

처음에는 5~10분 정도 짧게 하는 것이 좋다. 지금은 20분 유도 명상을 할 수 있지만 처음에는 7분 명상으로 시작했다.

다섯째, 명상 앱을 활용하자.

관심만 있으면 초보자도 활용할 수 있는 명상 앱이 많다. 여러 명상 앱을 들어보고 따라 하기 좋은 것을 시도해 보면 된다. 나 역시 세 번째에 나에게 맞는 것을 찾았다. 여러 번 경험하고 느낀 것이지만 내가 좋아서 지인들에게 소개해 줘도 맞지 않아 오래하지 못하는 경우를 많이 봤다. 가장 좋은 방법은 스스로 맞는 것을 찾는 것이다.

여섯째, 루틴으로 만들자.

명상은 꾸준히 해야 효과가 크다. 매일 5~7분씩이라도 조금씩 시간을 내서 해야 효과를 느낀다. 한 번의 깊은 명상보다 점진적으로 내면의 안정과 여유를 찾는 과정이 더 효과가 크다. 마음이 힘들고 쉼이 필요할 때 명상을 통해 안정을 느껴보자. 처음부터 전문가는 없다. 지금의 전문가도 모두 시작은 있었다.

명상을 하면서 느끼는 좋은 점은 명상으로 평안과 안정을 얻고 자존감까지 높아진다는 것이다. 자존감은 자신의 존재를 있는 그대로 존중하는 것이기에 다른 사람과 비교하지 않고 다른 사람에 의해 좌우되지도 않는다. 자존감이 높은 사람은 다른 사람의 행운을 같이 즐거워하고 같이 나눈다. 함께 즐거워하고 즐거운 일에 기꺼이 동참하며 좋은 피드백을 준다. 그래서 자존감이 높고 긍정적인 마음을 가진 사람을 만난다는 것은 큰 행운이다. 자존감이 높은 사람은 주변 사람의 변화와 성장에도 진심으로 기뻐하고 격려해 준다. 진심은 말로 하지 않아도 마음으로 전달되곤 한다. 약점이나 단점을 숨기고 감추기보다는 있는 그대로 드러낼 수 있는 용기를 갖고 자신을 인정하는 마음을 갖는 것이야말로 진정으로 지금, 여기에서 행복해지는 일이다.

지금,
여기에서
행복하기

맑은 날 하늘을 보면 날씨가 너무 좋아 행복하고 비 오는 날 따뜻한 차 한잔을 마시면 빗소리를 듣고 사색에 잠길 수 있어서 행복하다. 강가에 비치는 윤슬을 바라보며 행복을 느끼기도 하고, 온종일 나만 따라다니며 꼬리를 흔들고 핥아주는 사랑스러운 반려견을 보고 있어도 행복하다. 가족에게 사랑받는 느낌이 들 때도 행복하고 남에게 작은 도움을 주어 뿌듯함이 느껴질 때도 행복하다. 일상에 행복을 느낄 수 있는 것들은 너무 많다. 이런 작은 순간이 모여 일상을 풍요롭게 한다. 행복은 시시때때로 느낄 수 있고, 지금 여기에서 느끼는 행복이야말로 진짜 행복이다.

나는 부정적인 면이 많은 사람이었다. 걱정이 많았고 안 되는 것을 먼저 얘기하는 사람이었다. 인간의 뇌는 본능적으로 걱정을 좋아한다고 한다. 스스로를 지키는 데 유리하기 때문이라고 하는데 그런 의미에서 보면 나는 지극히 평범한 사람이다. 그런 내가 조금씩 변하고 있다고 느낀 것은 감사 일기를 쓰고부터다.

김승호 회장의 《돈의 속성》을 읽으면서 100번 쓰기에 관심을 가지게 되었다. 자신이 이루려고 하는 목표를 100번 쓰면 이루어진다는 글을 보고 100번 쓰기를 실행했다. 50일째 쓰던 날, 과연 이 목표가 정말 내가 원하는 간절한 목표인가를 생각하게 되었다. 100일째 되던 날, 100번 쓰기가 아닌 감사 일기를 쓰자고 마음을 먹었다. 어떤 것에 열정이 있다면 그 열정이 정말 원하고 이루려고 하는 간절함인지, 아니면 누군가가 하니까 따라 해보고 싶은 건지 생각해 볼 필요가 있다. 나는 내가 쓰고 있는 목표가 진심으로 이루고자 하는 목표가 아니라는 걸 깨닫게 되었다. 그리고 그것은 욕심이었다는 것도 알게 되었다.

그렇게 시작된 감사 일기는 나를 긍정적인 사람으로 만들어주는 데 많은 기여를 하고 있다. 그리고 감사하는 마음은 행복을 느끼는 데도 중요한 역할을 한다. 당연하다고 여겼던 아주 작은 일에도 감사한 마음이 들면, 일부러 행복해지자는 마음을 갖지 않아도 행복감을 느낀다. 감사함이 행복을 주는 것이다. 감사 일기를 쓰고 알게 됐다. 행복보다는 감사가 먼저라는 것을. 감사할 줄 알아야 행복해진다는 것을. 행복은 극히 주관적이다. 행복하다 마음먹으면 행복해질 수 있다고 믿지만 이 역시 마음뿐, 행복하다고 마음먹은 마음은 금세 사라

오십의 태도

지기 일쑤다.

네이버 사전에 행복을 검색하면 '복된 좋은 운수, 생활에서 충분한 만족과 기쁨을 느끼어 흐뭇함, 또는 그러한 상태'라고 나온다. 여기에서도 알 수 있듯 좋은, 충분, 만족, 기쁨이라는 어떤 요소가 충족되어야 행복하다는 것이다. 자신의 현실을 부정하고 긍정적으로 생각한다고 해서 행복해지지는 않는다는 것이다. 그런 측면에서 보면 자신이 원하는 욕구와 욕망이 충족되지 않거나 만족하지 못한다면, 그러니까 행복은 극히 주관적이지만 자신의 조건에 맞지 않으면 아무리 지금 여기에서 행복을 느껴야 한다고 말해도 그 마음이 지속되기는 힘들다.

그러나 감사한 마음은 의미가 조금 다르다. 감사하기를 실천해 보면 금방 알 수 있다. 감사 일기는 충족과 만족의 의미와는 조금 다른 것을 느낀다. 네이버 사전에 감사를 검색하면 '고마움을 나타내는 인사, 고맙게 여김, 또는 그런 마음'이라고 나온다. 어떠한 조건이나 여러 요소가 필요하지 않다. 모든 것에 감사할 수 있다. 지금 내가 어떤 상황이든, 어떤 조건이든 마음먹기에 따라 감사한 마음을 가질 수 있는 것이다. 그저 지금까지 당연하게 생각했던 것을 감사하게 느낄 수 있고 자신의 현실을 그대로 받아들이며 감사한 마음을 가질 수 있다.

건강한 몸, 따뜻한 집, 함께하는 가족, 믿을 수 있는 친구, 매일 만나는 이웃의 작은 친절, 시시각각 변하는 자연의 아름다움 어느 것 하나 감사하지 않을 게 없다는 것도 감사할 따름이다. 감사하는 마음은 지금 내가 가지고 있는 것에 집중하게 하고 행복감을 느끼게 해준다. 감사한 마음을 가지면 힘든 인간관계도 어느새 쉬워진다는 것을 알게 된다.

법륜스님의 즉문즉설을 듣다 보면 질문자의 고민 내용은 자식 때문에, 남편 때문에, 부모님 때문에, 직장 상사 때문에, 무엇 때문에 힘들다고 한다. 그럴 때마다 법륜스님은 많은 사람이 모여 질문자의 고민을 듣다 보면 '그래도 나는 저 질문자보다는 낫구나, 나는 저 사람보다는 더 나은 상황이구나'를 느끼지 않느냐며 "누구 때문은 없다"라고 말씀하신다. 오롯이 자신의 현실을 인정하고 자신이 처한 현실을 받아들이며 어떤 선택을 하며 살아갈지를 정하는 것뿐이라는 것이다.

감사 일기에는 매일 감사할 일이나 경험을 기록한다. 시작할 때는 아침에 썼는데 개인적으로 오전보다는 하루를 마감하는 밤에 쓰는 것이 훨씬 감사할 일이 더 많았다. 이렇게 일정한 시간을 정해 매일 같은 시간에 감사 일기를 쓰는 것이 좋다. 같은 시간에 쓰다 보면 익숙해지기도 하고 어느 정도 루틴이 되면 그 시간에 저절로 감사하다는 생각이 든다. 그리고 아주 큰 일보다는 일상의 소소하고 작은 것들에 감사하기를 실행하게 된다. "따뜻한 커피 한잔을 마실 수 있어서 감사하다", "좋은 날 파란 하늘을 볼 수 있어서 감사하다", "딸이 생각지도 못한 메모와 함께 꽃을 선물해 줘서 감사하다" 등 이런 작은 것에 하나하나 감사함을 느끼면 감사하지 않은 것이 없다. 감사를 표현

오십의 태도

할 때는 구체적으로 쓰는 것이 좋다. "감정 표현이 서툰 엄마가 '우리 딸 고마워'라고 표현해 줘서 감사하다"라고 구체적으로 적다 보면 훨씬 감사의 마음이 커진다. 그리고 처음에는 좋은 것들 위주의 감사하기를 적게 된다. 그렇게 감사 일기를 계속 쓰다 보면 힘들 날 어려운 상황에서도 긍정적인 마음을 갖게 되고 나아진 것들을 찾아 감사하기를 실천하게 된다. "몸살감기가 걸려 아프지만 코로나는 아니어서 감사하다", "아빠가 약간의 치매 초기 증상을 보이지만 엄마와 자식들을 다 알아봐줘서 감사하다" 등 어려운 상황에서도 좋은 것을 찾게 되는 신기한 경험을 하게 된다. 그렇게 적어둔 감사 일기를 한 번씩 꺼내서 읽는 것만으로도 충분히 나는 행복하다고 느끼게 된다.

다소 부정적인 면이 있었던 내가 감사 일기를 쓰고부터 작은 것에 감사하고 사소한 일상에 만족하며 현재에 집중하며 살아간다. 세상에 당연한 것은 없다. 예전에는 그저 당연하다고 여겼던 것에 당연함보다는 감사함을 느끼고 표현한다. 작은 것에 감사하고 소중함을 느끼면 행복은 결코 멀리 있는 게 아님을 느낀다. 어떤 화려한 이력이나 성공보다 더 중요한 것은 지금 여기 현실에 만족하고 마음 편하게 살아가는 것이다. 젊을 때는 남들의 성공이 부러웠다면 지금은 자신의 안녕이 우선이다. 남들의 시선보다 나의 신념과 가치가 더 중요하다.

지금 여기에서 행복하기 위해 나는 감사하기를 선택했다. 현재에 집중하며, 감사하는 마음을 가지는 것, 지금 여기에서 행복을 느끼는 것은 어려운 일이 아니다. 감사는 작은 노력으로 큰 변화를 가져올 수 있는 강력한 도구다. 지금 주위를 둘러보고 감사할 수 있는 것에 감사함을 갖자. 분명 이 작은 감사가 우리의 삶을 더 행복하게 해주리라 믿는다.

사이토 히토리의 《1퍼센트 부자의 법칙》에 따르면, 매일 반복해서 천 번 말하면 말은 에너지가 되어 자신에게 돌아온다고 한다. 이제는 빛바랜 메모가 되었지만 잘 볼 수 있는 위치에 메모를 붙여놓고 매일 책상에 앉을 때마다 읽고 말한다. "나는 참 행복해." "정말 감사합니다." "나는 참 풍족해." "못 할 것도 없지." "참 고마운 일이야." '지금 여기에서 행복'은 누가 주는 것이 아니라 일상에서 스스로 찾아가는 것이다.

말하는 대로, 상상하는 대로, 믿는 그대로, 오늘 할 수 있는 것에 집중하며 지금 여기에서 행복하자!

지금 여기에서
행복한 인생 2막,
오십

2024년 3월부터 호기롭게 시작한 책 쓰기가 9월 말이 되어서야 마무리되었다. 올여름은 유독 더위로 힘이 들었고 밤에도 식지 않는 열기와 함께했다. 긴 여름, 글과 씨름하며 보냈다. 한 권의 책이 쉽게 나오는 것이 아니라는 것을 절실히 느끼며 책을 마무리했고 다시 처음으로 되돌아간다. 이 책을 왜 쓰고 싶었을까? 어떤 이야기를 독자들과 함께 나누고 싶었을까? 평범한, 그것도 지극히 평범한 50대가 얼마만큼 변할 수 있는지를 말하고 싶었을까? 수많은 자기계발서를 읽으며 성공한 사람들이 말하는 성공이 아닌 평범한 주부의 성장을 말하고 싶었을까?

이 책에서는 자기계발서를 읽고 실행한 나의 성장 도구를 소개했다. 책 읽기, 운동, 글쓰기, 확언, 명상, 감사 일기 등 이런 성장 도구에 대한 글을 읽으면서 어떤 생각이 들었는가? 그리고 마지막으로 빼놓을 수 없는 건 실행과 꾸준함, 태도다. 오십에 성장과 실행, 꾸준함은 조금 낯선 주제일 수 있다. 나 역시 그랬으니까. 중년으로 접어든 오십은 새로운 도전과 시작보다는 안정과 편안함, 쉼 같은 평안함과 연관을 짓고 싶어 하지만 현실은 그렇게 호락호락하지 않다.

이 책에는 성장 도구와 실행, 꾸준함 등 성장에 대한 글이 많다. 하지만 진정 말하고 싶었던 주제는 다름 아닌 행복이다. 지금 여기에서 행복. 내 블로그 글의 마무리에는 나만의 시그니처를 빼놓지 않고 쓴다.

지금 할 수 있는 일에 집중!

지금 여기에서 행복!

오늘도 성장!

오늘 할 수 있는 일에 집중하며 오늘도 성장을 꿈꾸며 지금 여기에서 행복한 삶이 나의 모토다. 오십쯤이 되면 연륜으로 알게 되는 것들이 있다. 지금까지 몰랐던 삶의 진실을 마주하게 된다.

자신의 인생에서 매우 큰 변화를 준 사건의 전과 후를 나눠서 보통 1막, 2막이라고 표현한다. 각자 자신이 느끼는 시기에는 약간의 차이가 있을 수 있지만 어쩌면 젊음을 바쳐 일한 직장을 은퇴하고 무언가 새로운 것을 찾아야 하는 오십이 인생 2막을 시작하는 시기라 생각한다. 그런 인생 2막을 맞이하며 진정한 나를 찾고 자신을 알아가는 방법으로 운동과 독서, 글쓰기를 선택했다. 실행하는 동안 많은 어

오십의 태도

려움이 있었고 스스로 변화를 느꼈으며 진짜 새로운 인생 2막을 시작하는 기쁨을 만끽했다.

그중 가장 첫 번째로 시작해야 하는 걸 묻는다면 단연코 독서를 말하고 싶다. 책을 쓰는 중간중간 친구들과 지인들을 만날 때면 늘 첫 번째 질문은 어떻게 책을 쓰게 되었느냐는 동기를 묻는 것이다. 물론 예전의 나를 알던 사람들은 궁금한 게 당연하다. 나 역시 5년 전에는 이런 결과를 상상조차 하지 못했으니까.

그리고 두 번째는 생각보다 많은 사람이 글을 쓰고 싶어 하는데 시작을 못 하는 것을 안타까워한다. 어떻게 글을 써야 할지 모르겠다는 말을 한다. 아마도 비슷한 나이에 비슷한 고민과 문제를 안고 있어서일 것이다. 그런 친구들과 지인들을 보면서 안타까운 마음이 들었다. 친한 친구들에게도 온전히 말로 전하지 못하는 것을 어떻게 전달할지 생각하니 역시 글이다. 글은 말보다 힘이 있다. 그래서 블로그에 마음과 생각을 썼고 그 글에 작은 동기부여를 받았으면 했다.

어떤 것을 시작하고 계속한다는 것에는 분명 지루함이 있다. 마음도 해이해지고 의미 또한 퇴색한다. 오십에 시작한 자기계발은 나에게 꾸준함과 좋은 태도를 선물해 주었다. 오십 이전에는 꾸준히 무언가를 하고 한 분야의 전문가가 된 이들을 보면서 나는 왜 꾸준함이 없을까, 나는 왜 한 분야의 전문가가 되지 못했을까를 자책하며 자존감이 무너질 때가 있었다. 그것은 진짜 내가 좋아하는 것을 찾지 못했기 때문이었다. 그런데 오십에 진짜 나를 알아가면서 내가 하고 싶은 것을 하면서 내게도 꾸준함이 있었다는 것을 느낀다.

　꾸준함은 억지로 되지 않는다. 좋아하는 마음이 있어야 꾸준함도 함께한다. 나는 지금도 매일 독서와 글쓰기, 운동을 하지만 어느 것 하나 그만두고 싶은 것은 없다. 어쩌면 남이 아닌 나 자신을 위해 좋은 것을 하면서 스스로 내적 동기가 충만해진 덕분이다. 좋은 루틴을 매일 실행하면서 그전보다 훨씬 행복한 일상을 마주한다. 이 책을 읽은 독자분들도 자신만의 좋은 루틴으로 행복한 일상을 살아가는 데 조금이라도 동기부여가 되었다면 그것으로 충분하다.

　2024년은 새로운 인생 2막을 시작하는 좋은 기회를 선사해 준 한 해였다. 그동안 써오던 블로그에 이웃이 늘어나고 이웃들의 응원과 격려를 받으며 힘을 얻을 수 있었다. 블로그 글을 읽으며 가까이에서 피드백해 주는 큰딸 다영이와 작은딸 다혜, 그리고 영원한 나의 동반자이자 지원군 남편에게도 감사의 마음을 전한다.

　책을 출간하면서 감사한 분들이 참 많다. 책을 쓰는 데 많은 격려와 피드백을 아끼지 않고 해준 친구들과 지인들, 그리고 책 속에 등장하는 소중한 사람들과 나를 응원해 주는 모든 사람에게 고마움과 감사한 마음을 전해본다. 마지막으로 이 책이 출간될 수 있도록 손을 내밀고 도와주신 시프 김진규 대표님께 감사를 표한다.